Tarek
Atoui

DIALOGS

IAC Villeurbanne/Rhône-Alpes
S.M.A.K.
Kunsthaus Bregenz
Pirelli HangarBicocca

Marsilio Arte

CONTENTS

15 Tarek Atoui in conversation with Ute Meta Bauer

81 Texts in Italian

86 List of Exhibited Works

97 Credits

PREFACE

Tarek Atoui inhabits multiple roles—artist, musician, and educator—smoothly shifting among them according to time and context. This project is, above all, a recognition of his sharp vision on composition, which he approaches through sound, materiality, performance, and craftsmanship. Fed by the musical heritages of different cultures, Atoui's works emerge from meticulous and technical processes that encompass everyday objects and finely crafted instruments originating from many people and collaborators. Experimenting with expanded forms of listening and perception, the artist reflects on current political and social questions, particularly those concerning identity formation. Inviting the visitor into a conversation on interpretation, memory, and imagination, Atoui has developed a rich corpus of work fostering encounters and care.

This catalogue builds on a collaboration between our four institutions—Institut d'art contemporain, Villeurbanne/Rhône-Alpes, S.M.A.K. Municipal Museum of Contemporary Art, Ghent, Kunsthaus Bregenz, and Pirelli HangarBicocca, Milan—that have hosted Atoui's exhibitions from 2023 to 2025. It is the result of the artist's wish to weave together the trajectories of distinct projects into a succession of evolving sensitive and sonic landscapes, extending beyond the exhibition space to engage the wider community. In curating the shows, Nathalie Ergino in collaboration with Sarah Caillet (at IAC in 2023), Ann Hoste (at S.M.A.K. in 2024), Thomas D. Trummer (at KUB in 2024), and Lucia Aspesi (at PHB in 2025) worked closely with the artist to conceive the exhibition projects in each of their institutions. Atoui inspired us to work in group improvisations and non-hierarchical structures and therefore we would like to thank all the people in the departments of our respective institutions, who have tirelessly contributed to the realization of the shows. We are also sincerely grateful to the private and institutional lenders.

We are thankful to Tarek Atoui's studio, whose enthusiasm and passion have been invaluable throughout the development of both the exhibitions and this catalogue. The publication includes a conversation between the artist and Ute Meta Bauer touching on the generative aspects of Atoui's practice. Designed by Goda Budvytytė, it has been realized with the indispensable assistance of Teodora di Robilant. Together with this book we have co-produced a set of records bringing together sounds recorded by several international musicians playing solos on Atoui's instruments in different contexts. The LP set "Tarek Atoui: MONO LOGS" would not have been possible without the dedicated coordination of Dimona Stöckle and the generous contributions of Jad Atoui, Tarek Atoui, Nicolas Becker, Laure Boer, Gobi Drab, Diego Espinosa, Juan Garcia, Susanna Gartmayer, Mazen Kerbaj, Léo Maurel, Juanjosé Rivas, Dafne Vicente-Sandoval, Fernando Vigueras, Darío Bernal Villegas, Boris Shershenkov, and DJ Sniff.

Nathalie Ergino
Former Director, Institut d'art contemporain, Villeurbanne/Rhône-Alpes

Philippe Van Cauteren
Artistic Director, S.M.A.K. Municipal Museum of Contemporary Art, Ghent

Thomas D. Trummer
Director, Kunsthaus Bregenz

Vicente Todolí
Artistic Director, Pirelli HangarBicocca, Milan

FOREWORD

"Improvisation in 10 Days" is Tarek Atoui's first solo exhibition in Italy, hosted by Pirelli HangarBicocca. It is part of a journey that, since the end of 2023, has seen the artist exhibit in prestigious international institutions, such as Kunsthaus Bregenz, S.M.A.K. Municipal Museum of Contemporary Art, Ghent, and the Institut d'art contemporain, Villeurbanne/Rhône-Alpes. An electroacoustic artist and composer, Atoui explores the ways in which natural elements, combined with electronic devices, absorb sound and render it with unexpected nuances. His works and performances entwine visual and acoustic dimensions that immerse the public in unprecedented sensory and cognitive experiences, drawing attention to sounds lodged in our collective memory. His practice is distinguished by a scientific and collaborative approach that involves the participation of artisans and musicians, offering an innovative and expanded vision of the boundaries of art. Accessibility is central in Atoui's work, as reflected in its educational dimension, with inclusive programs curated by the artist and devoted to the deaf community. At Pirelli HangarBicocca, these projects contribute to the institution's initiatives aimed at making art accessible to an increasingly broad public and strengthening ties with its community.

Through a sequence of images unfolding as a visual narrative, this publication retraces the exhibitions held at Pirelli HangarBicocca, Kunsthaus Bregenz, S.M.A.K., and the Institut d'art contemporain. A collaborative project among these institutions, the catalogue creates a common thread between the different shows and Atoui's ever-evolving body of work. In the same way, a set of vinyl records conceived by Atoui has also been created, further extending the dialogue between the institutions involved. Pirelli is proud to support this initiative and to participate in a synergy that, throughout this volume, presents an art capable of challenging the imagination and opening up new horizons of knowledge and sensibility, while also supporting research and experimentation.

Marco Tronchetti Provera
Chairman
Pirelli HangarBicocca

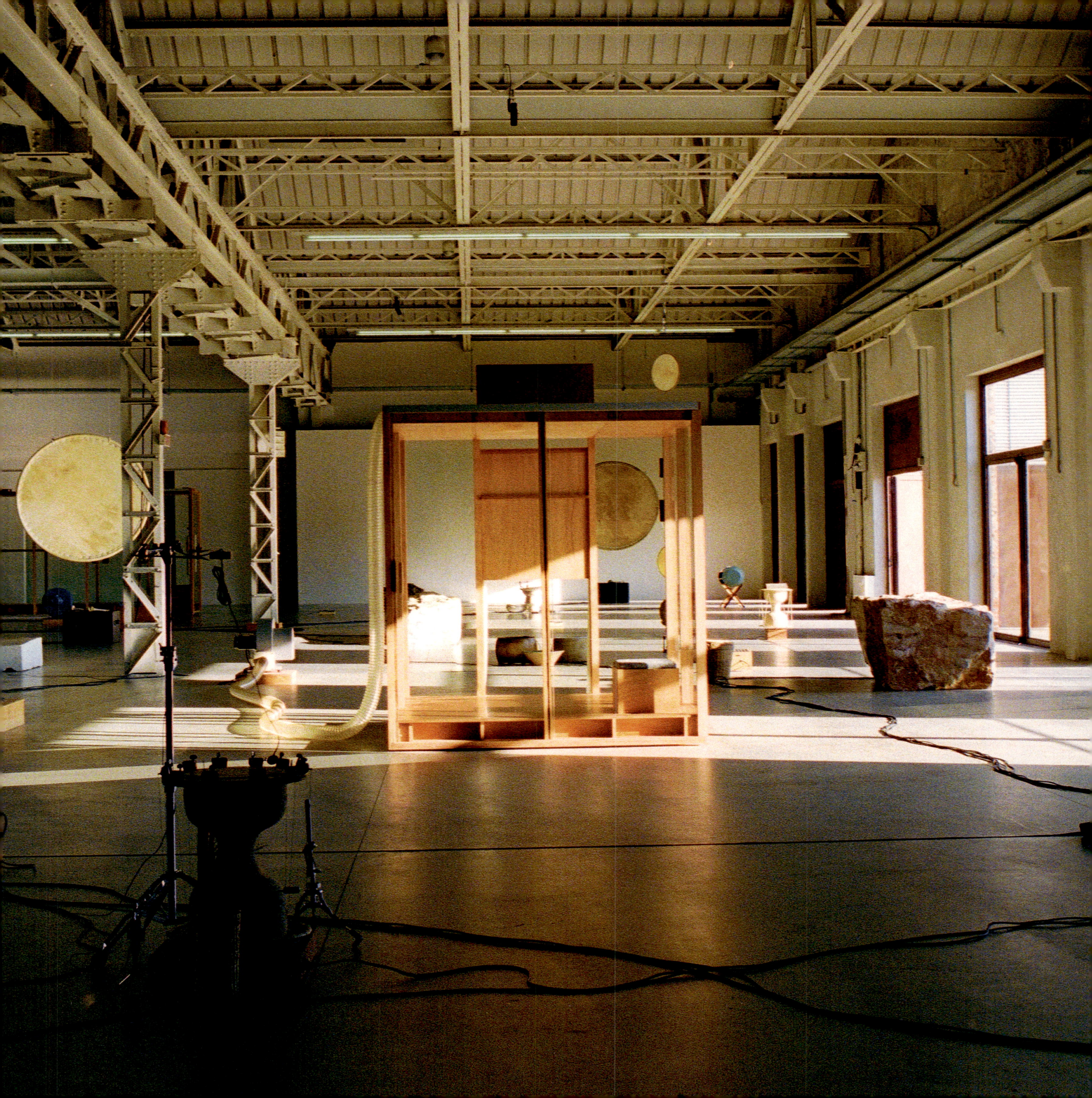

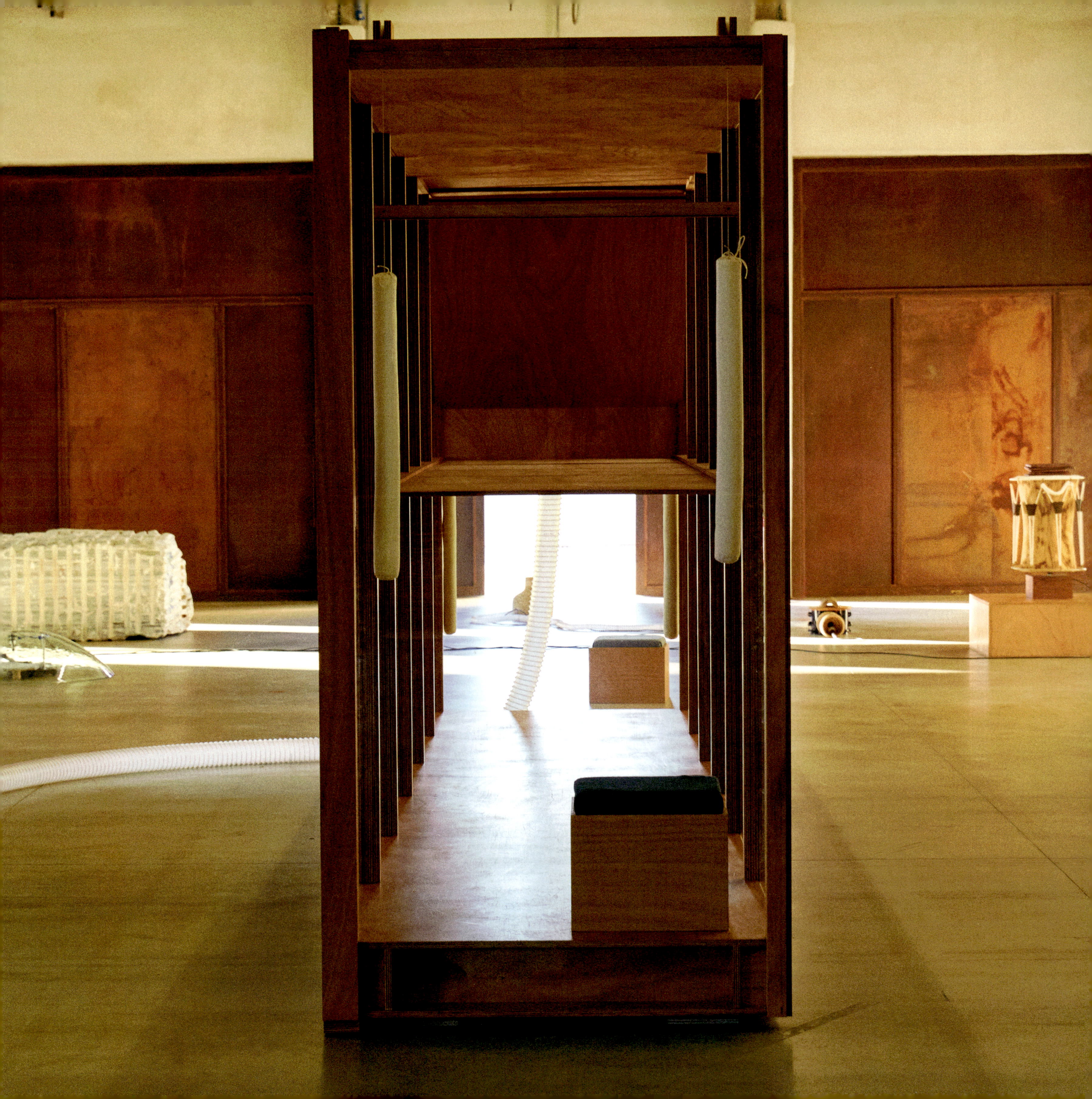

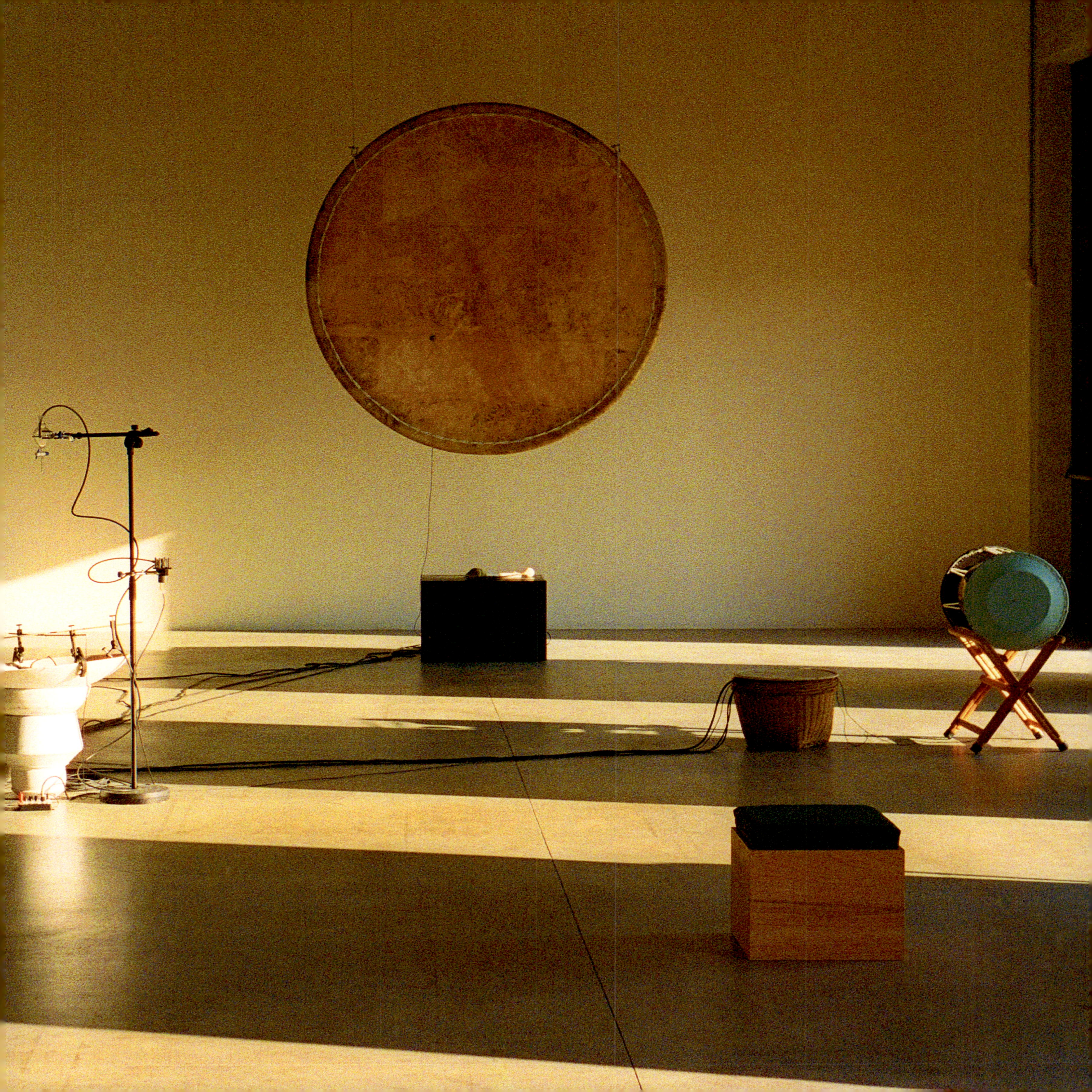

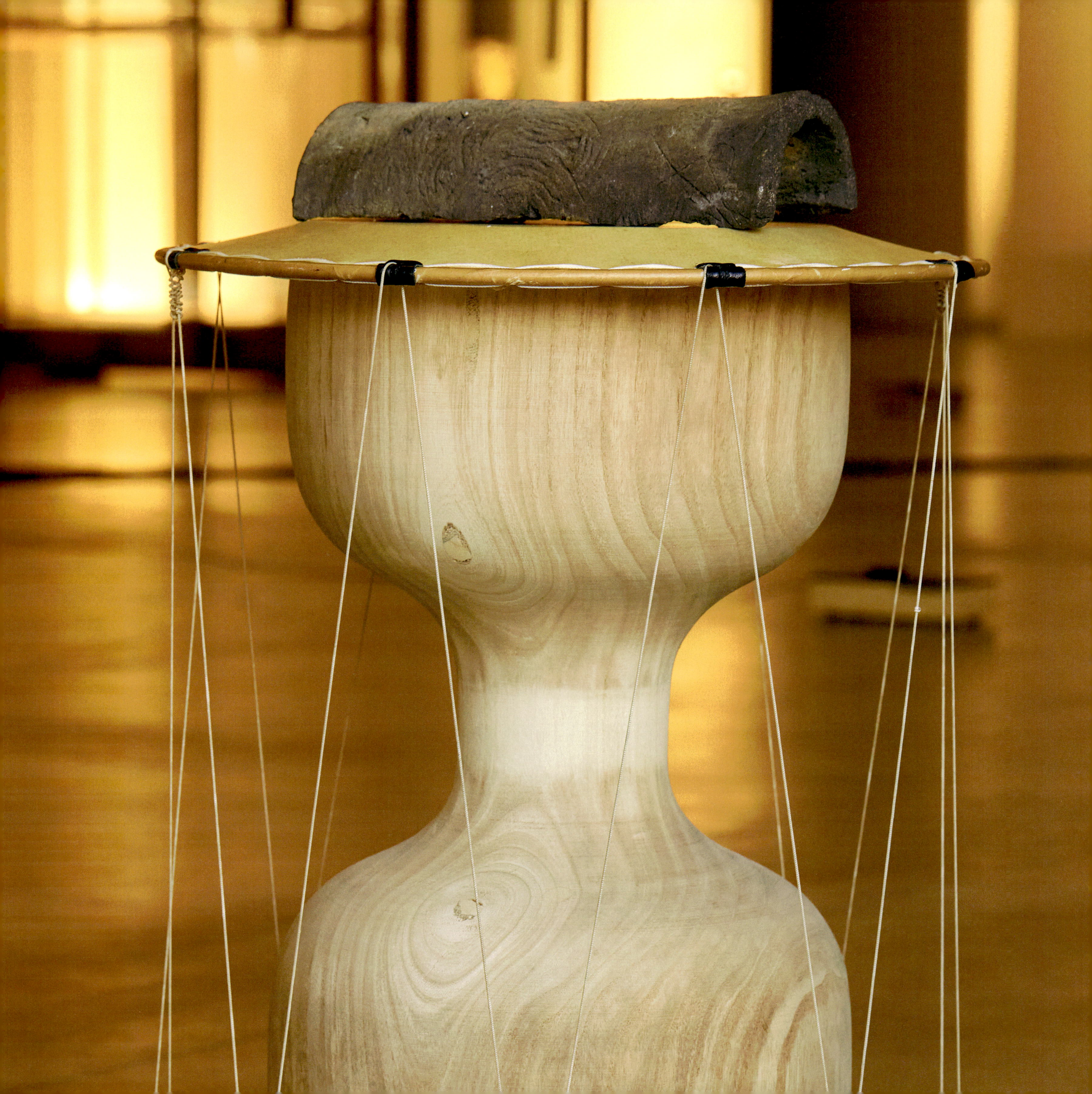

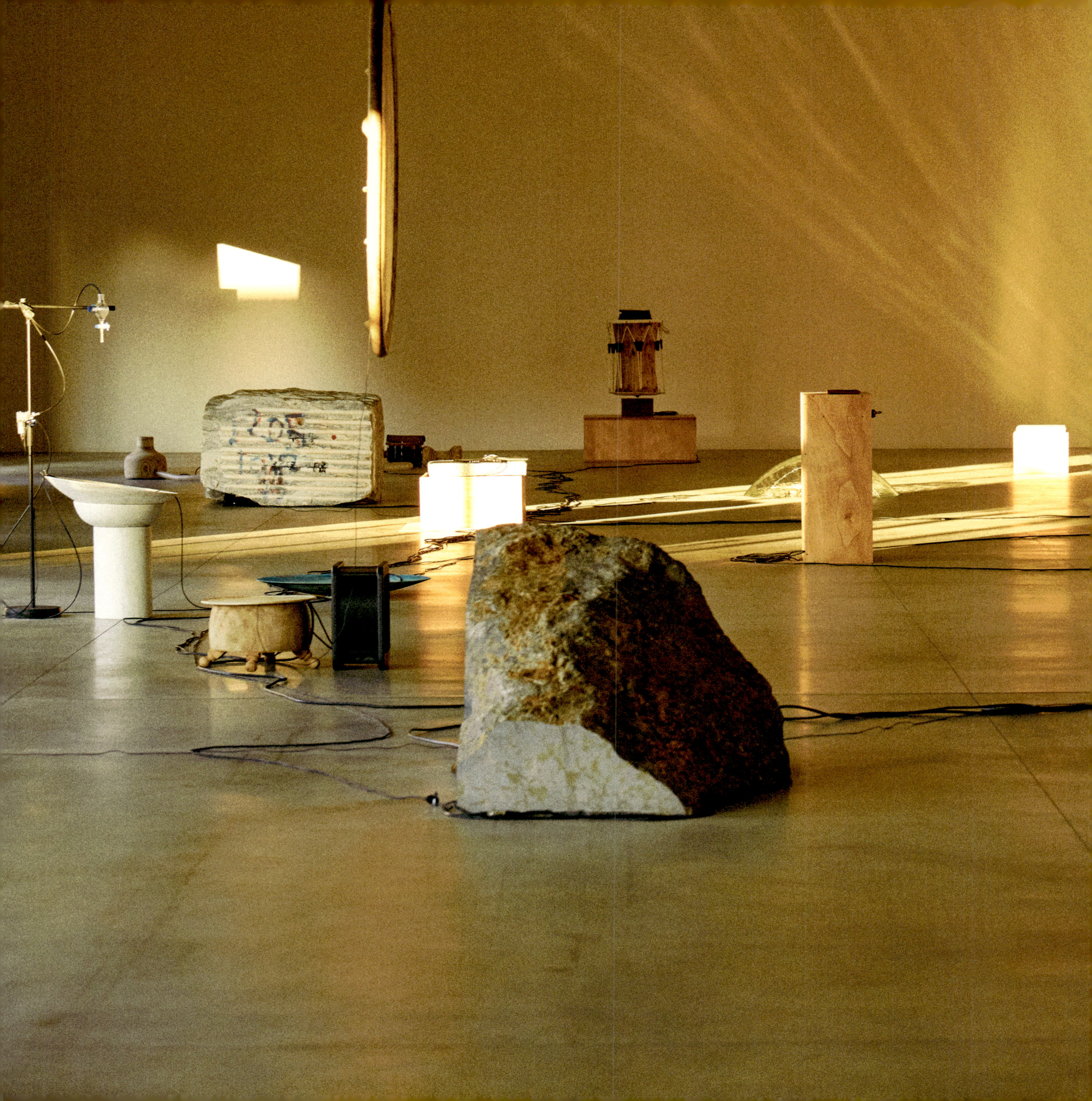

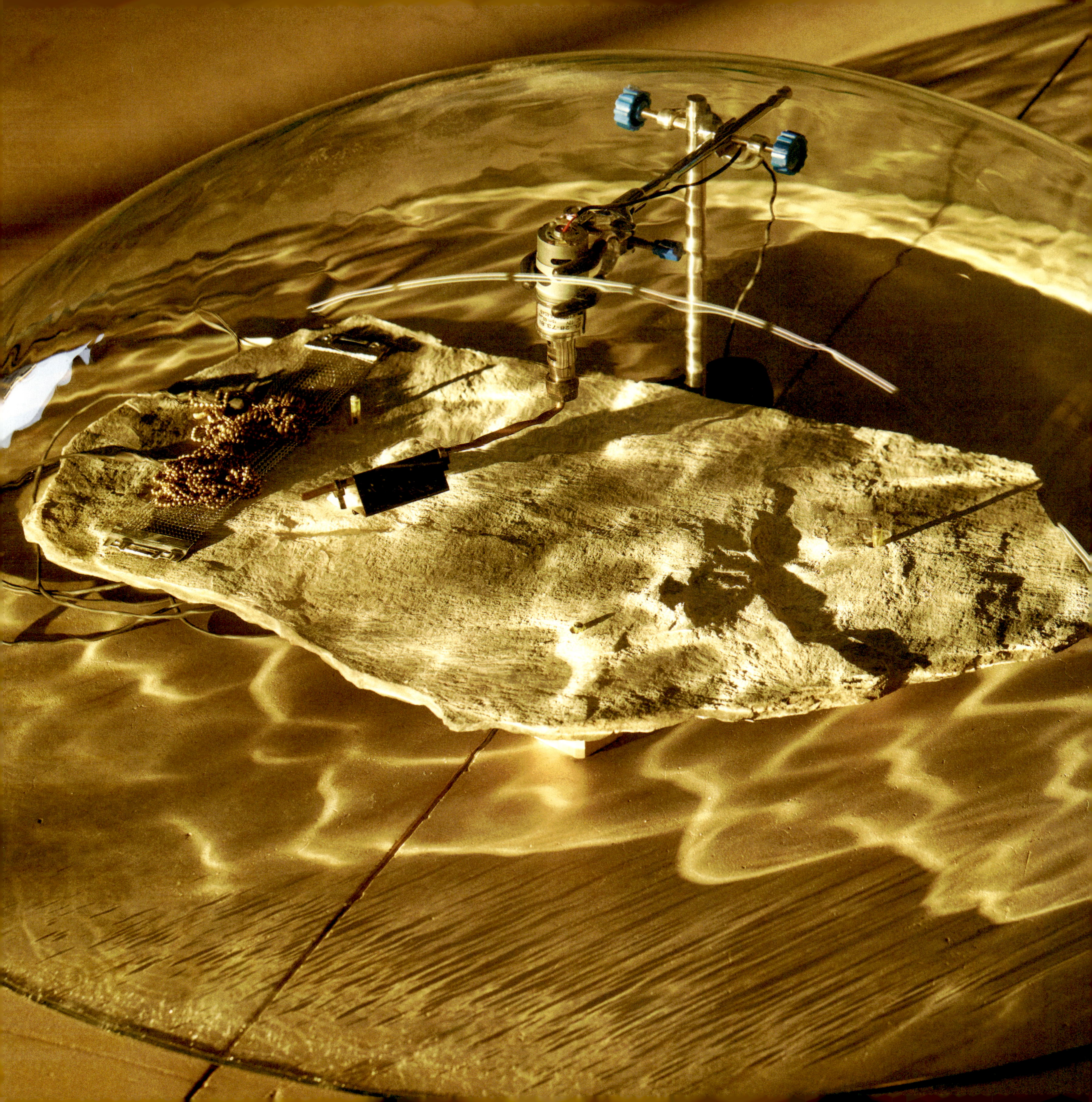

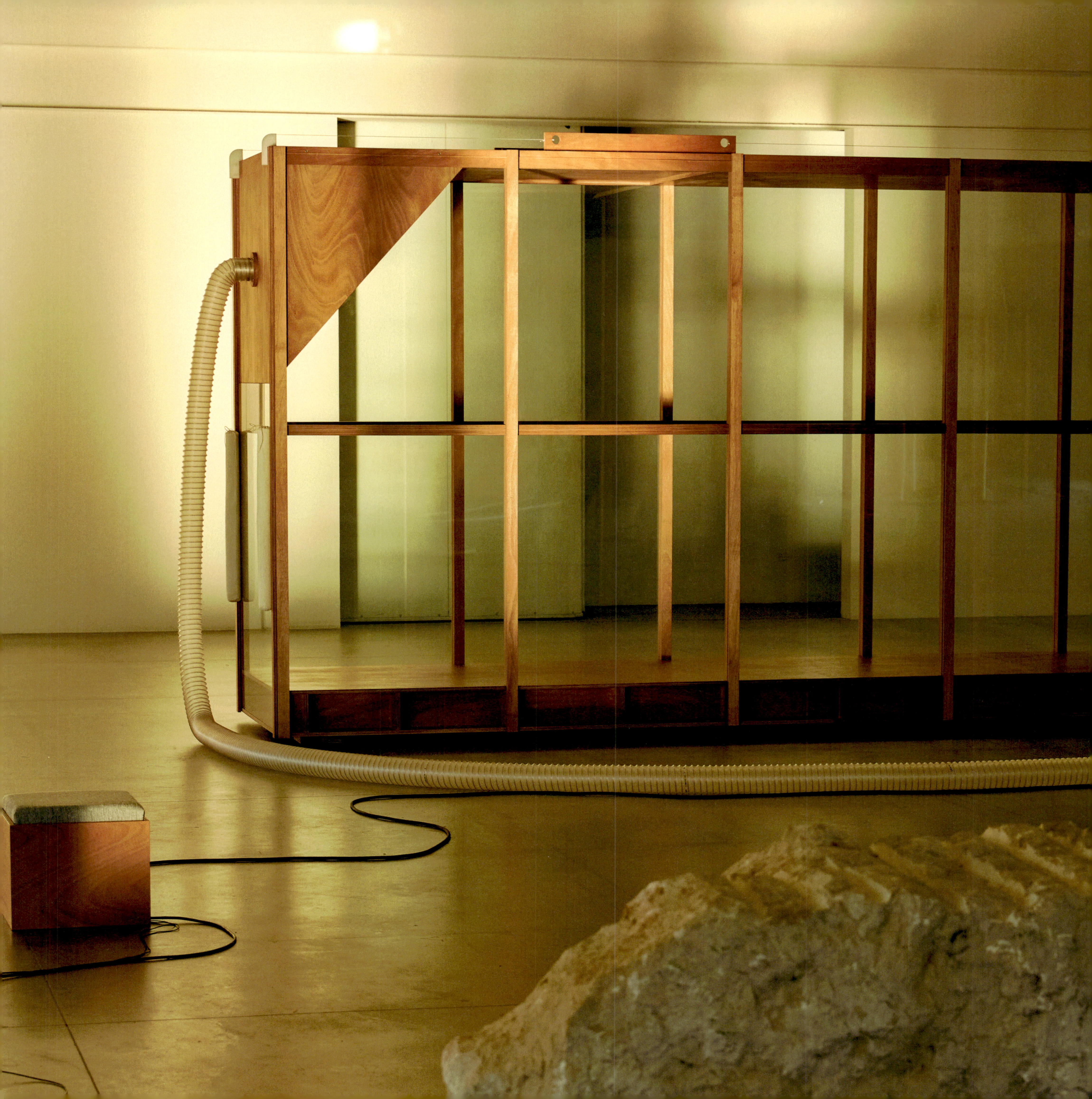

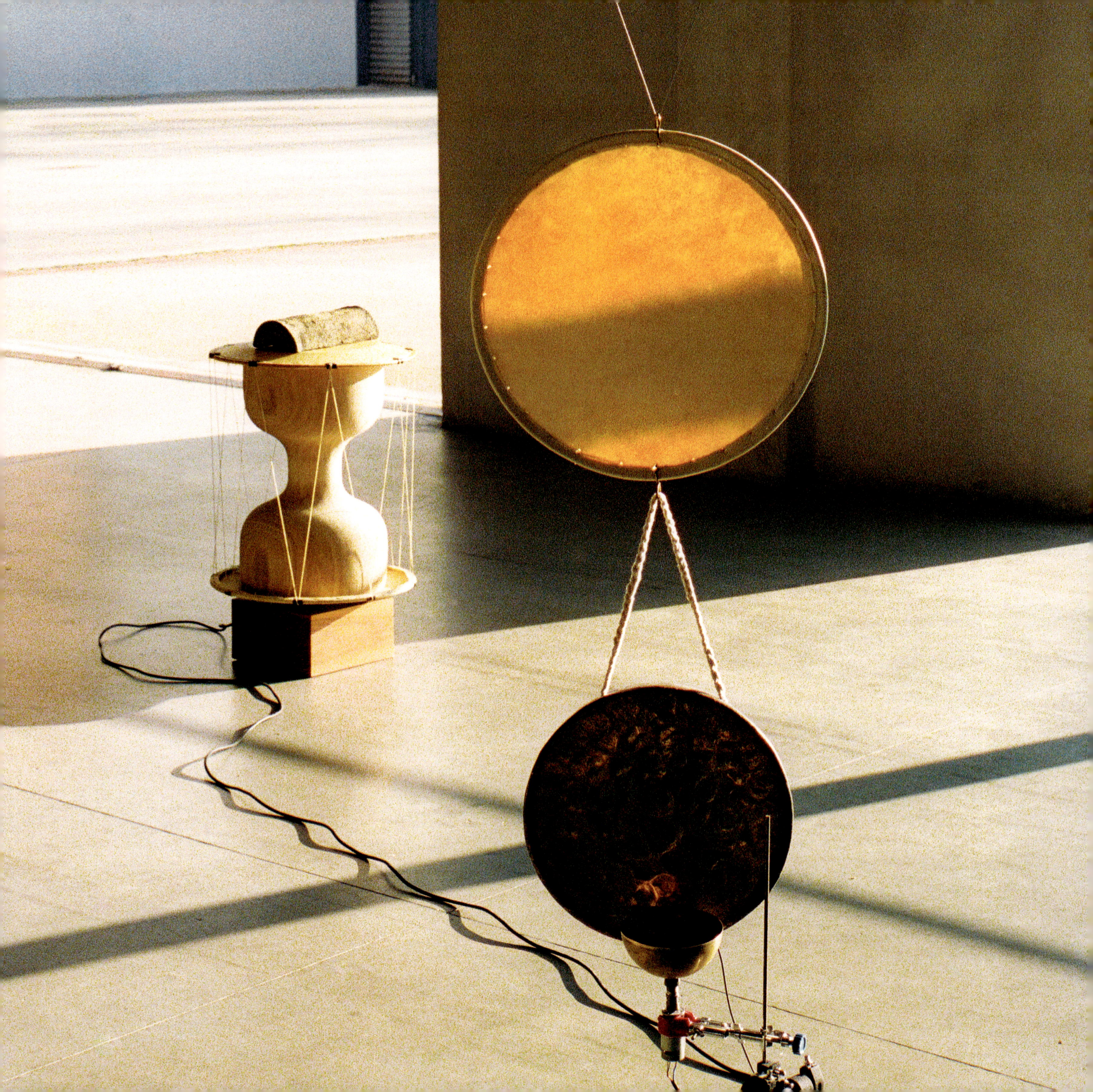

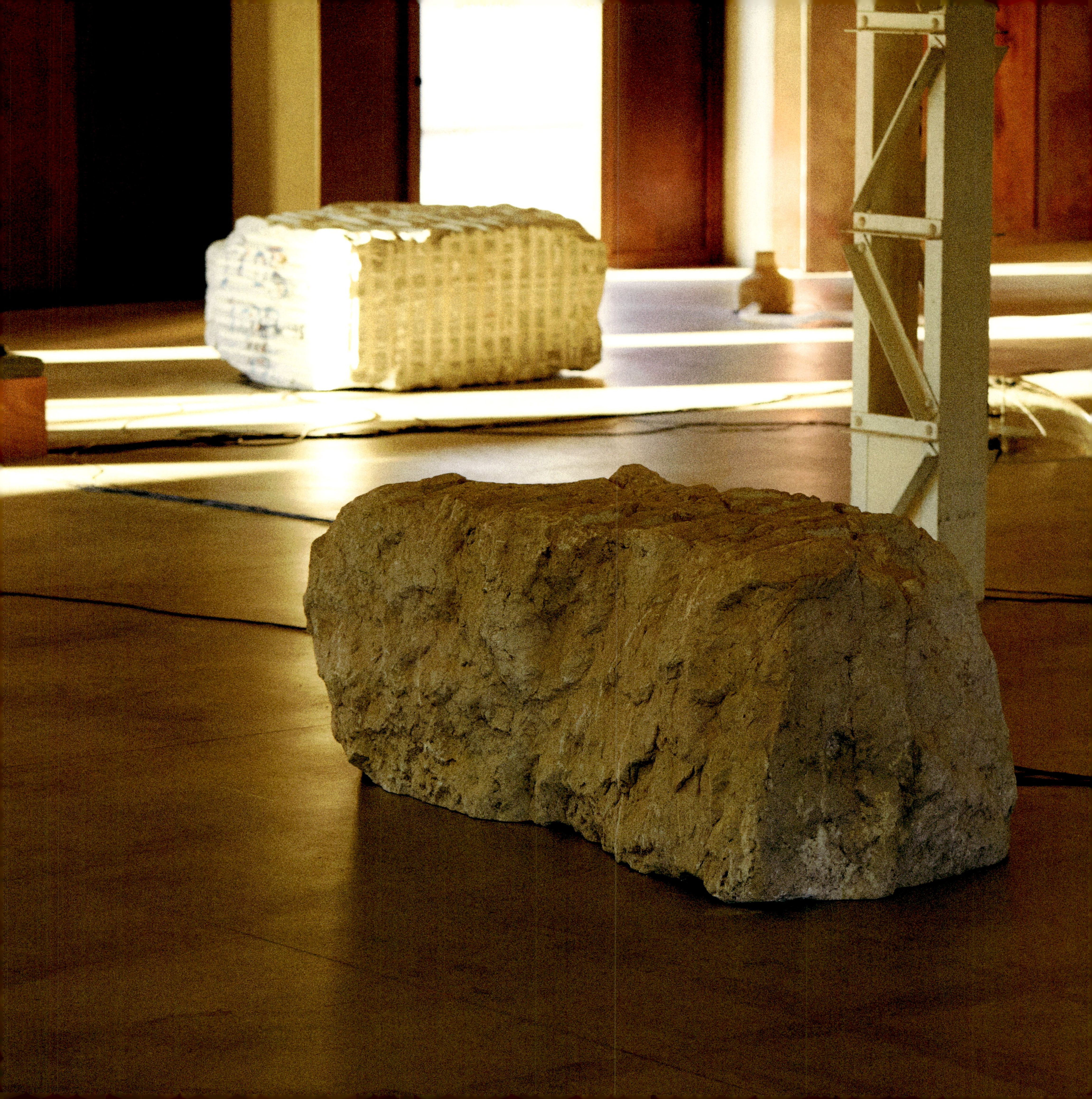

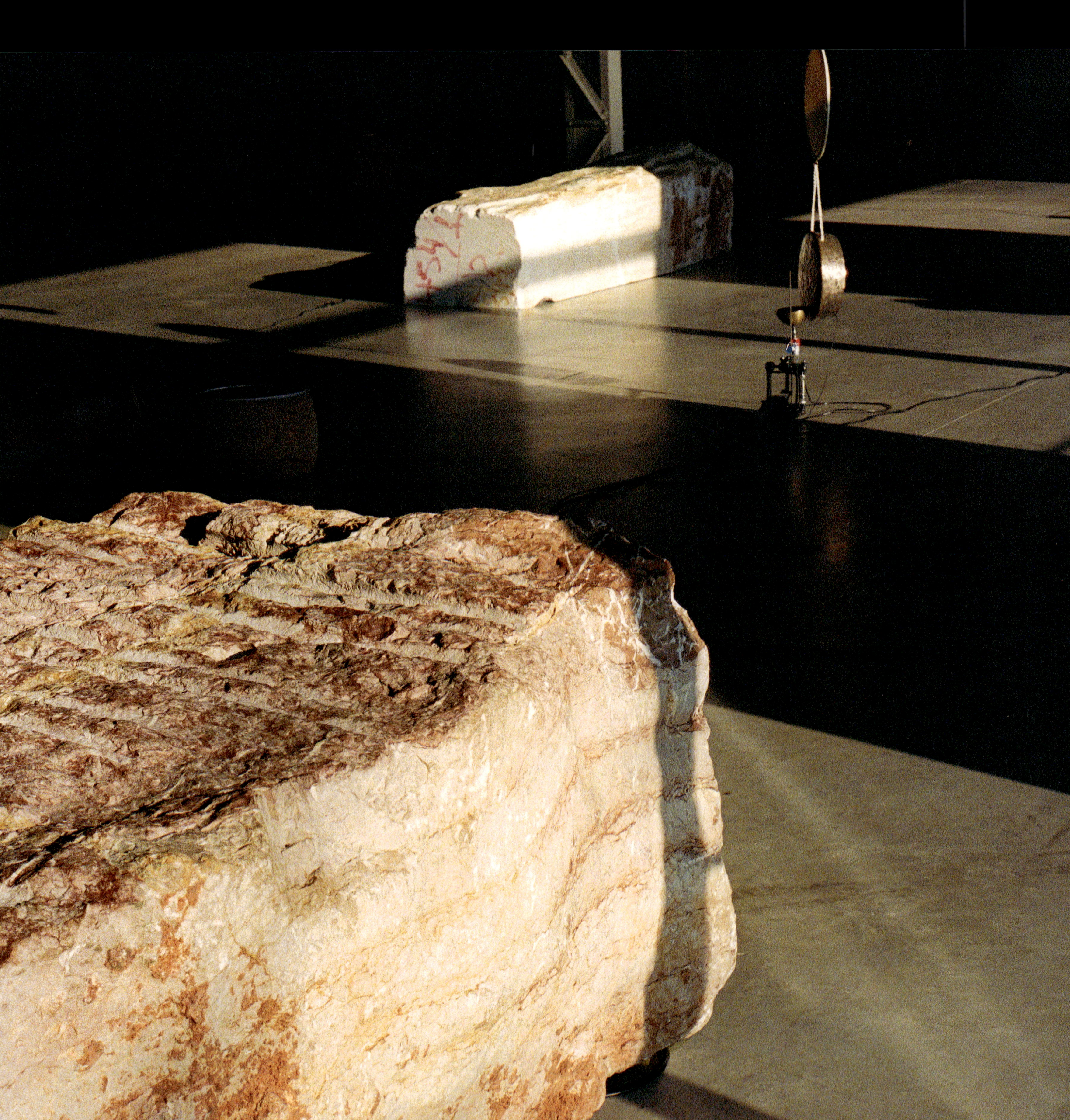

HARBOR(ING) SOUNDS

Contemplating ways to articulate Tarek Atoui's practice, and reflecting on his sonic presentations through projects on which we've collaborated (Tarek Atoui as artist/convener and myself as curator) to follow the tradition of "improv," a genre in jazz of "call and response." Focusing on Atoui's persistent attempt to unravel the potentialities of sound and reimagine its material and spatial conception, his practice as an act of transmutation. I ponder his devotion to improvisation, which emerges as an endeavor that is unceasingly relational and deeply intimate—(un)learning old patterns and repertoires together in pursuit of new sounds, as a conversation of sorts.

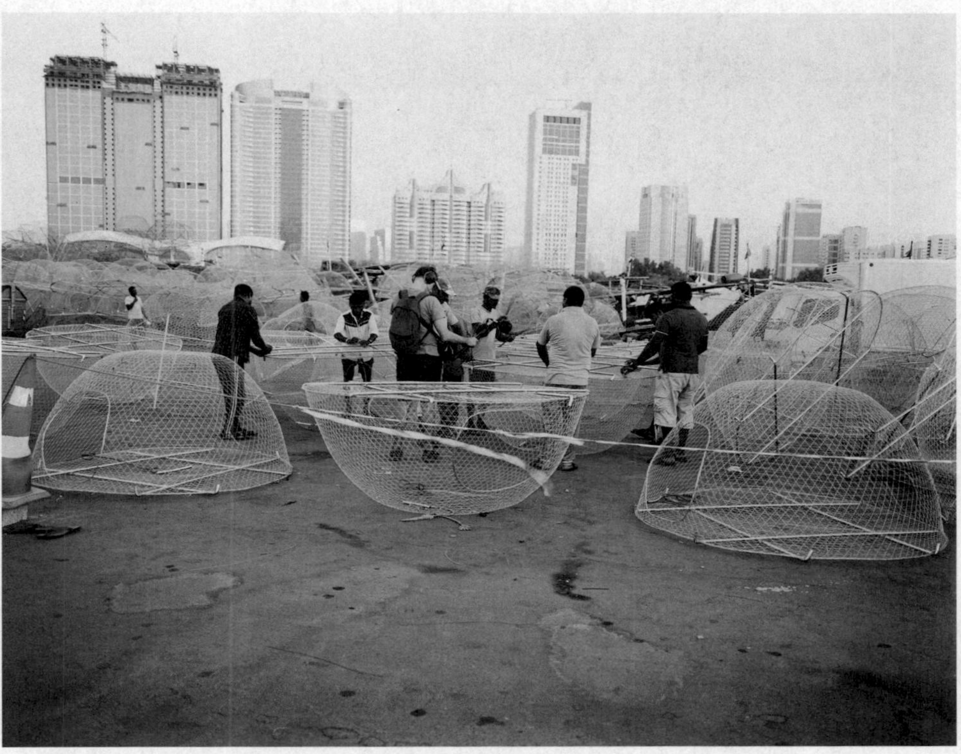

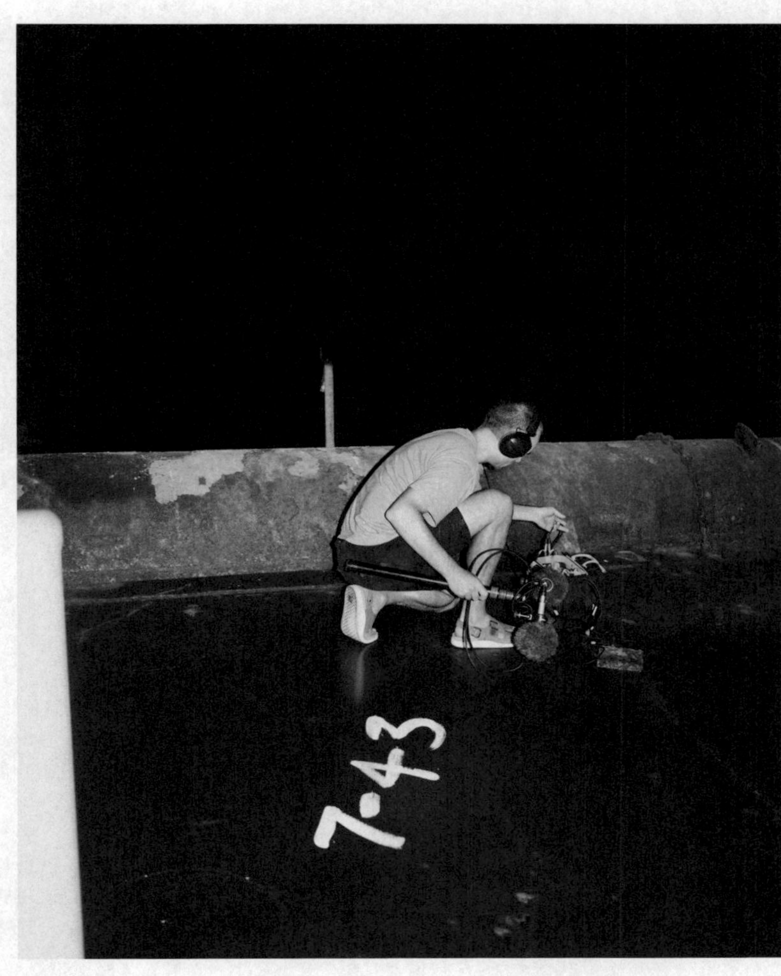

AMBIENT ENVIRONMENTS

How, then, does the sonic, as conceived by Tarek Atoui, take form? Atoui's sonic practice and ideas are kind of a synthesis of observations-as-field-recordings, captured over years of dwelling-in-travel, and enhanced through the application of electroacoustic techniques.

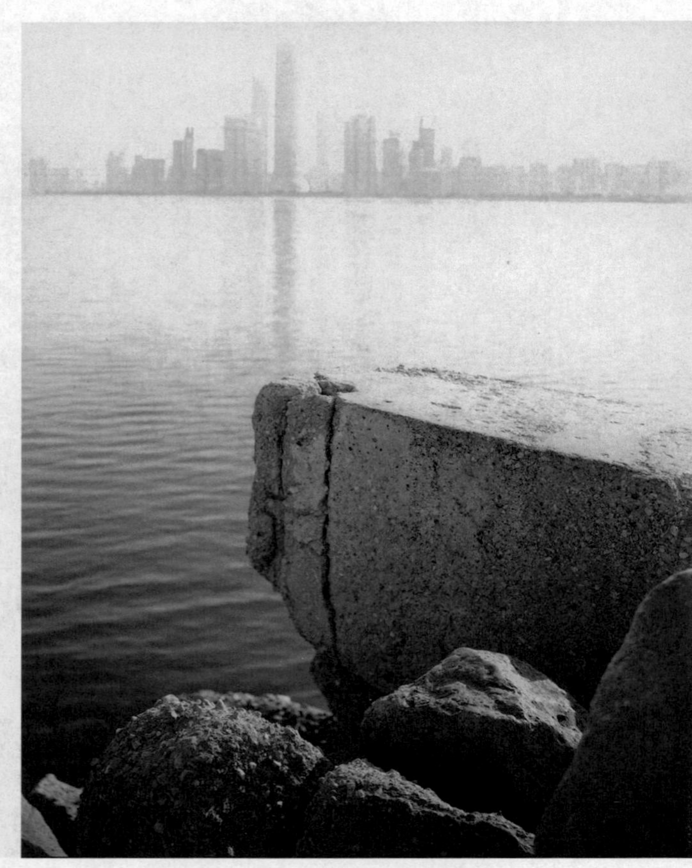

16

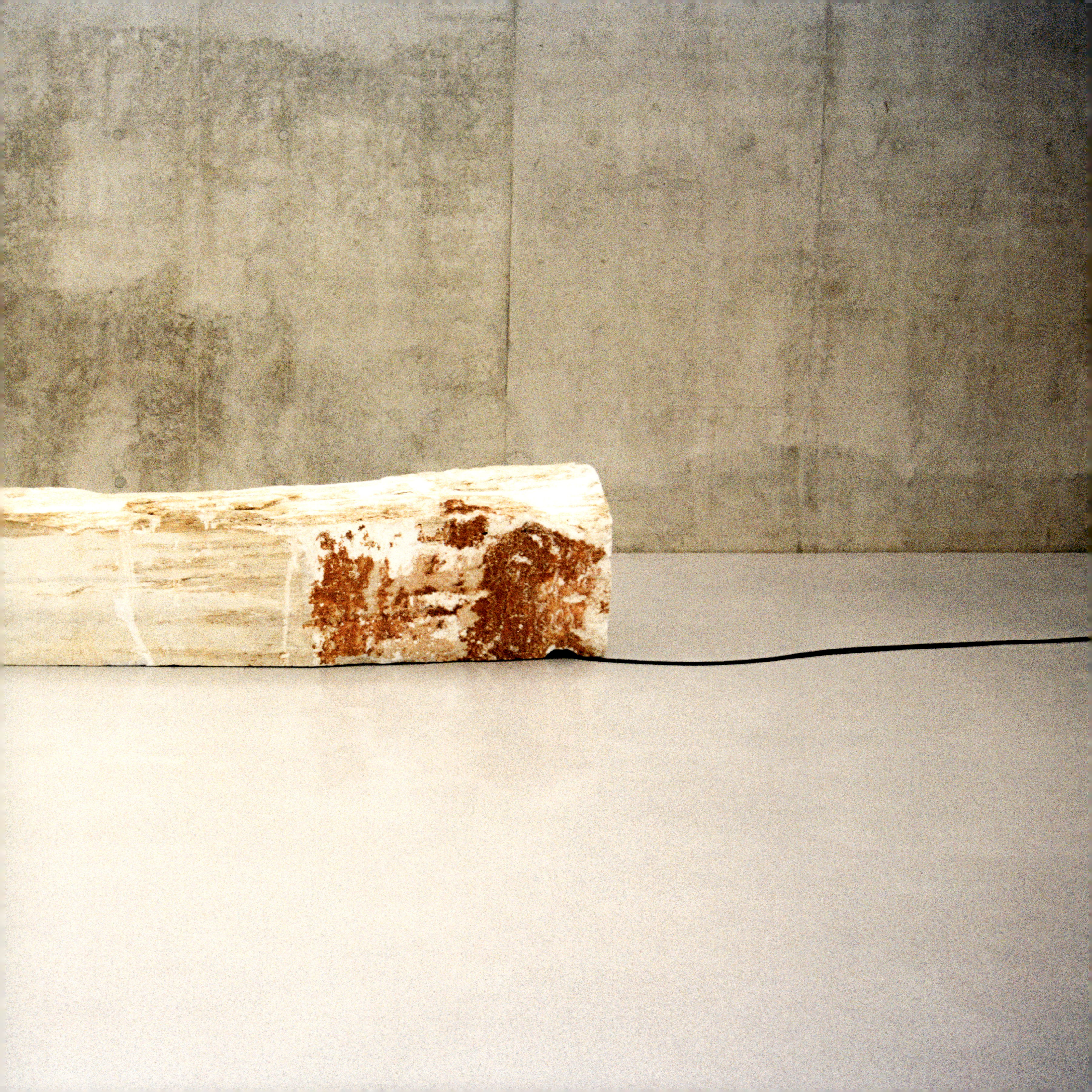

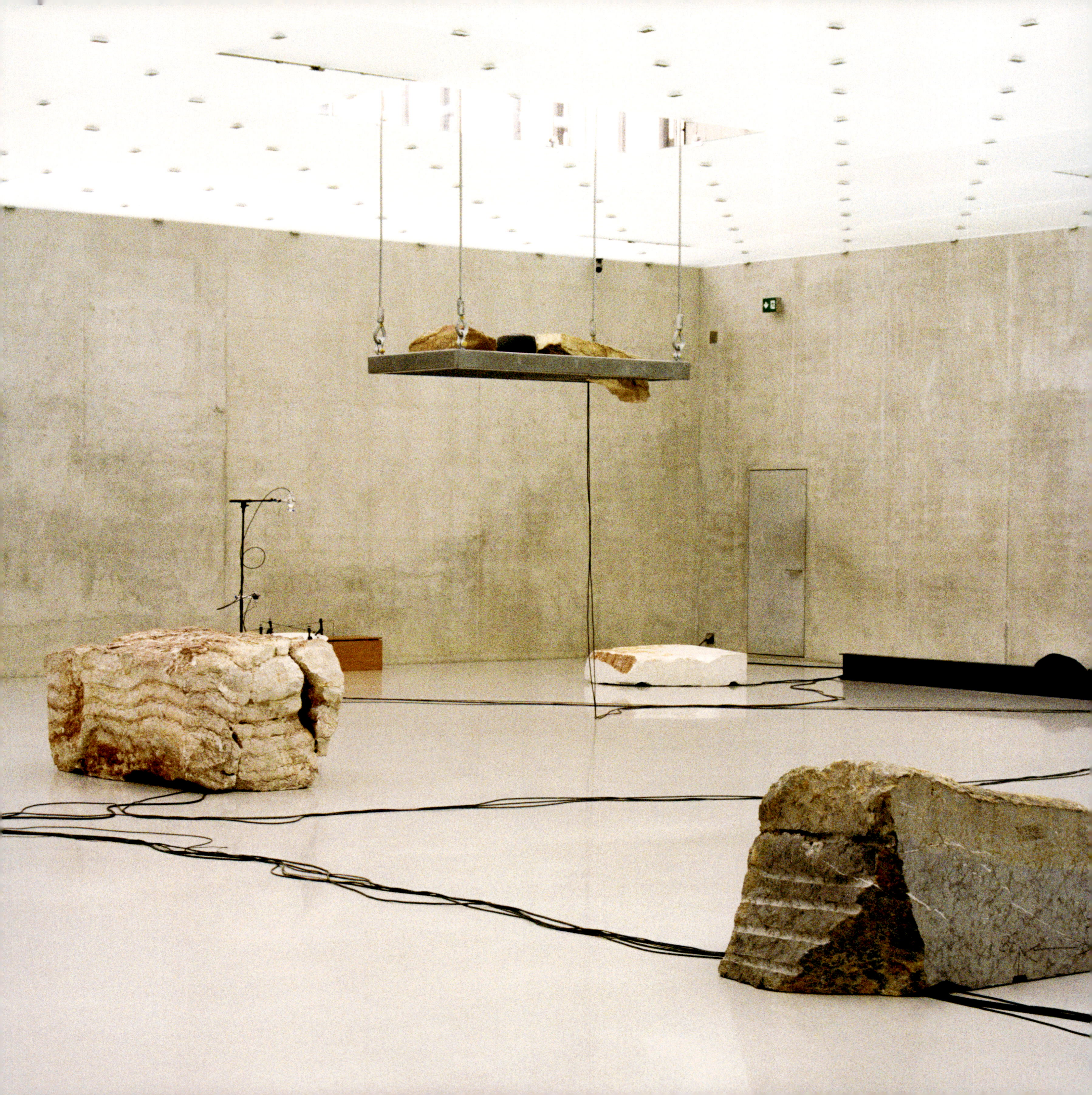

SYNTAX

Tarek Atoui's work resonates like a language, with its varying registers, syntactical complexities, and modular expressions—its idiosyncrasies unique and often in tension with classical Western notions of sound and music. Phrases then as soliloquies, as utterance of thoughts, are pursued through subsequent passages that illuminate Tarek Atoui's incremental labor—a practice that regenerates in situated spaces and contexts. These associated phrases, in turn, expand, stretching through a series of peaks and troughs—phrases that resist calcification.

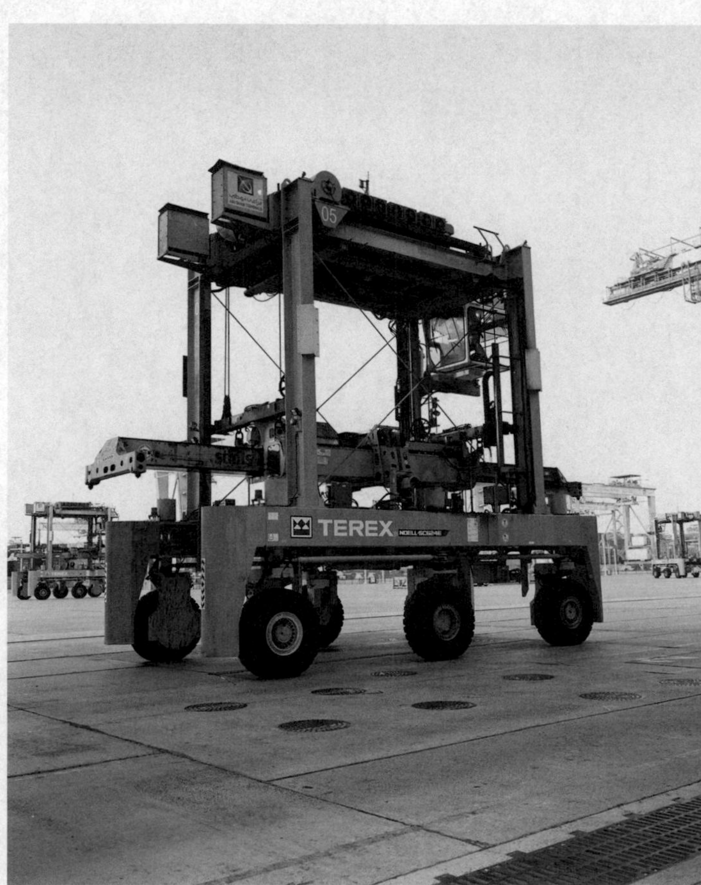

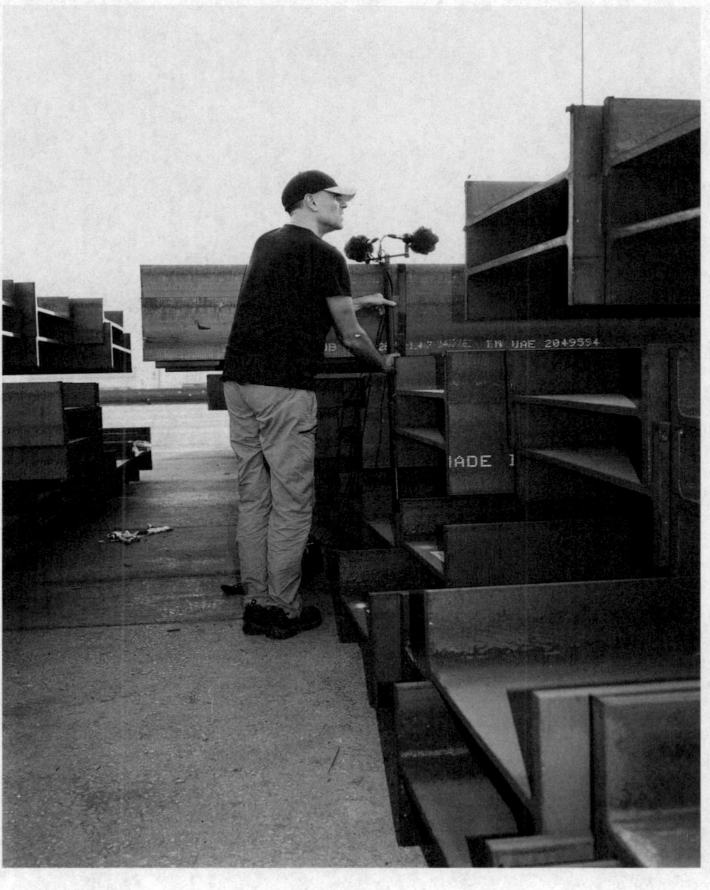

UNDRUM– IMPROVISATION VERSUS COMPOSITION

The act of improvisation suspends two otherwise contradictory thoughts and holds them in tension with one another: it's about experimenting new sounds that are relational, yet one cannot escape from learned repertoires of the past. At every turn of sound it nourishes itself on energy in the space, the attentiveness of its listeners, the flow between its "producer" and its "receiver." Where then does composition enter into the concept of improvisation? What does composition mean during the act of improvisation? How much of improvisation is a form of recollection and repetition, calling on learned repertoires of sound and gestures; what are the possibilities of escaping enculturation and histories, if it is a means of narrating the past through the filter of the present moment?

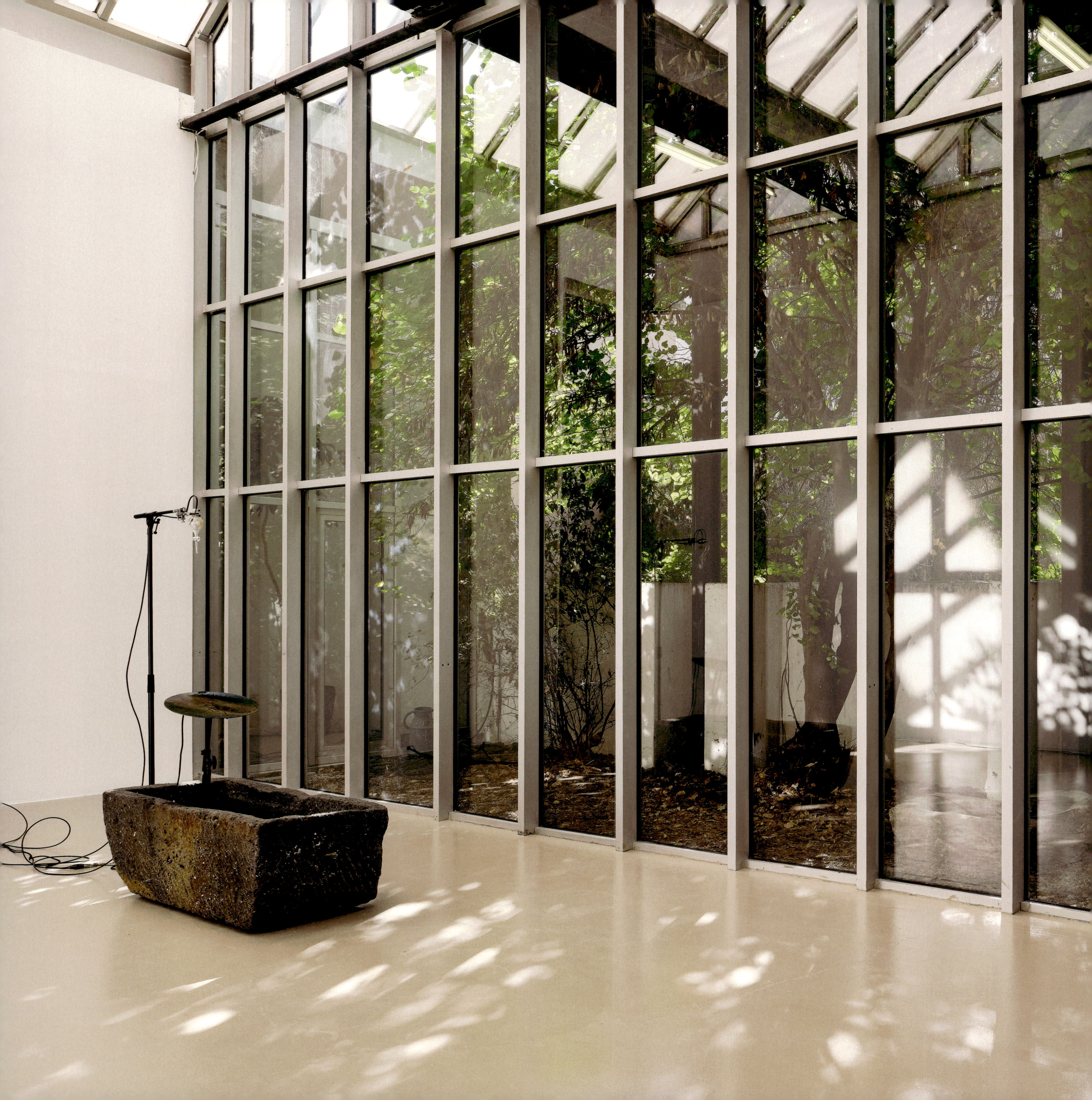

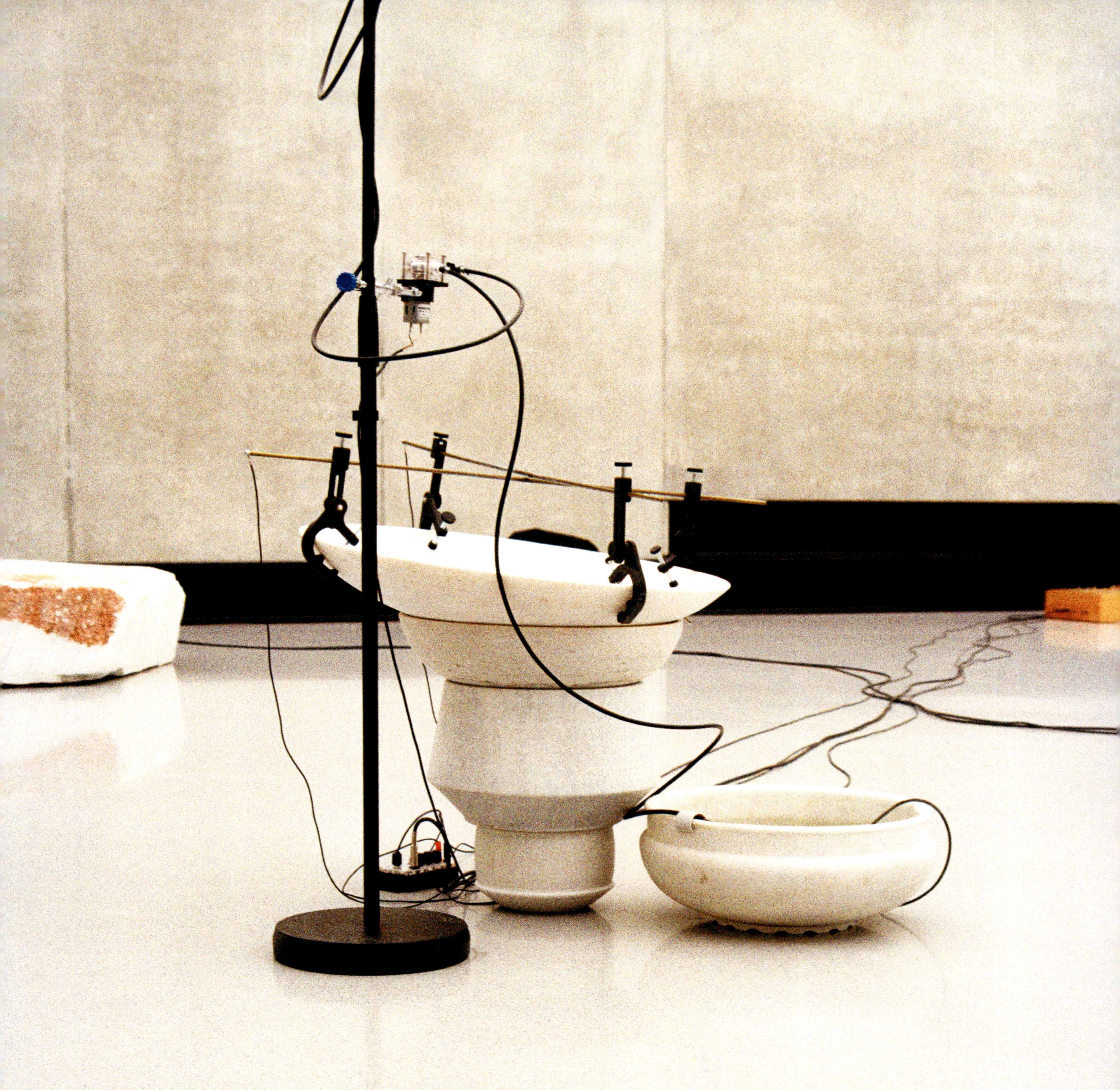

Waters' Witness

Bringing two material histories into a dialogue with one another. The aesthetic framing of sound also comes from the performative gestures, almost ancestral and shamanic in its movements—the gestures of the hands gestating from within, interacting with electromagnetic waves in the air, almost energy-sequencing, where one can feel and sense sound without necessarily having to hear it with one's ears.

23

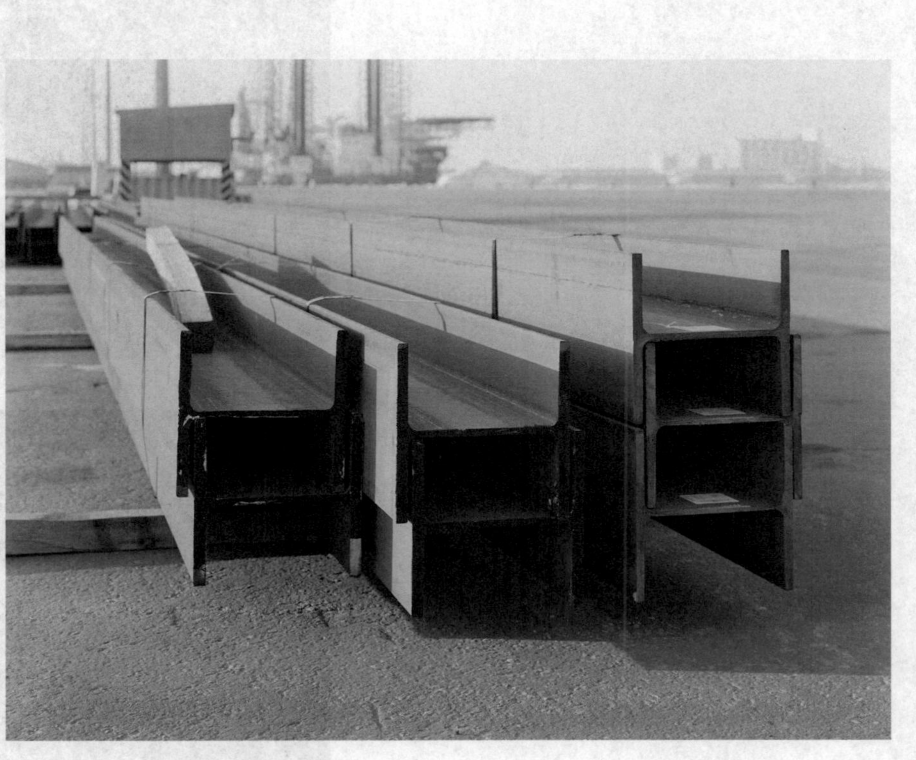

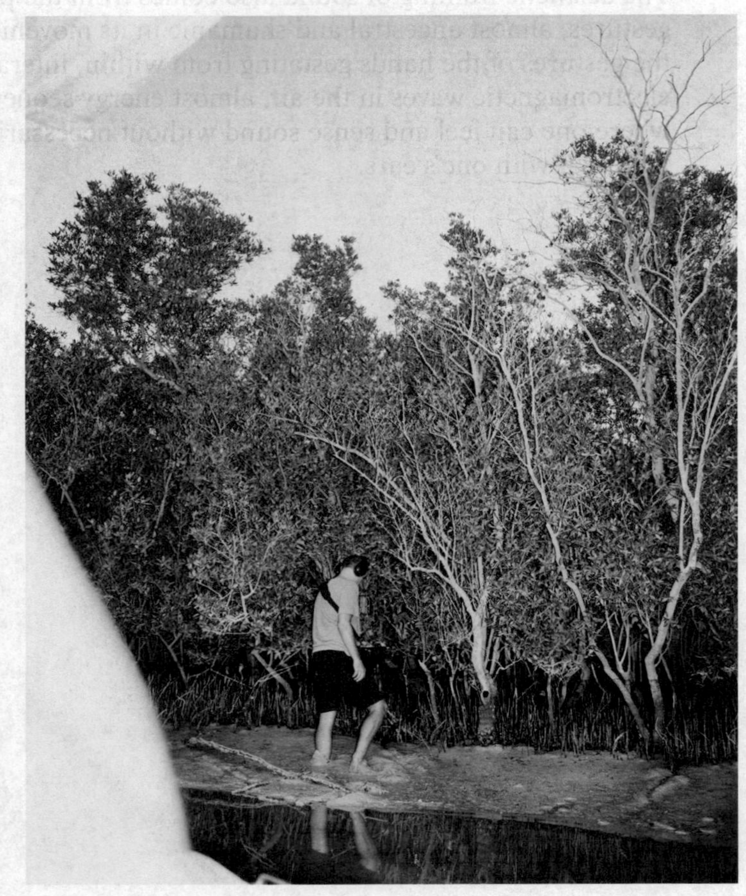

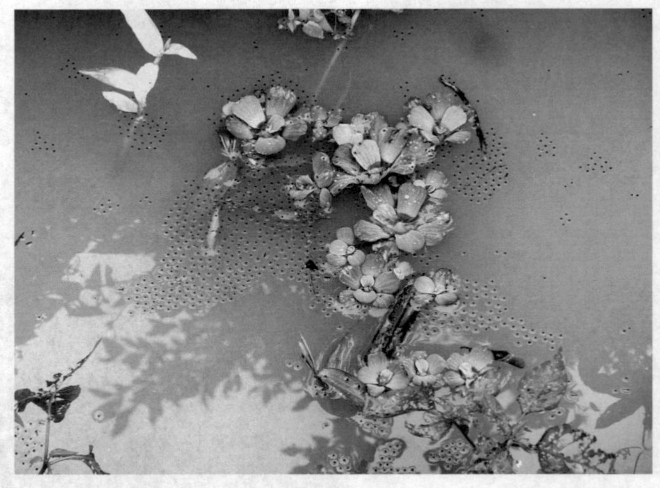

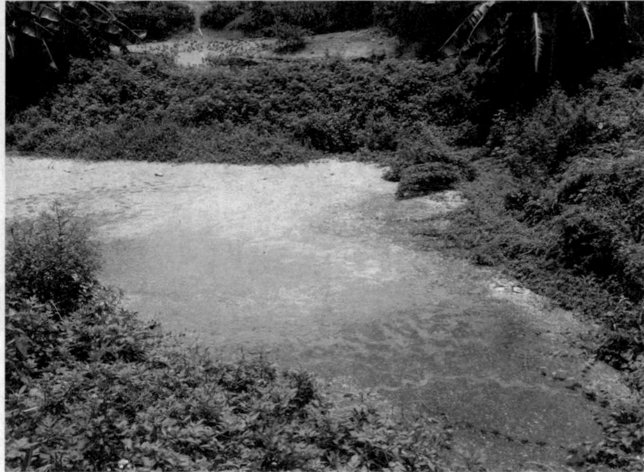

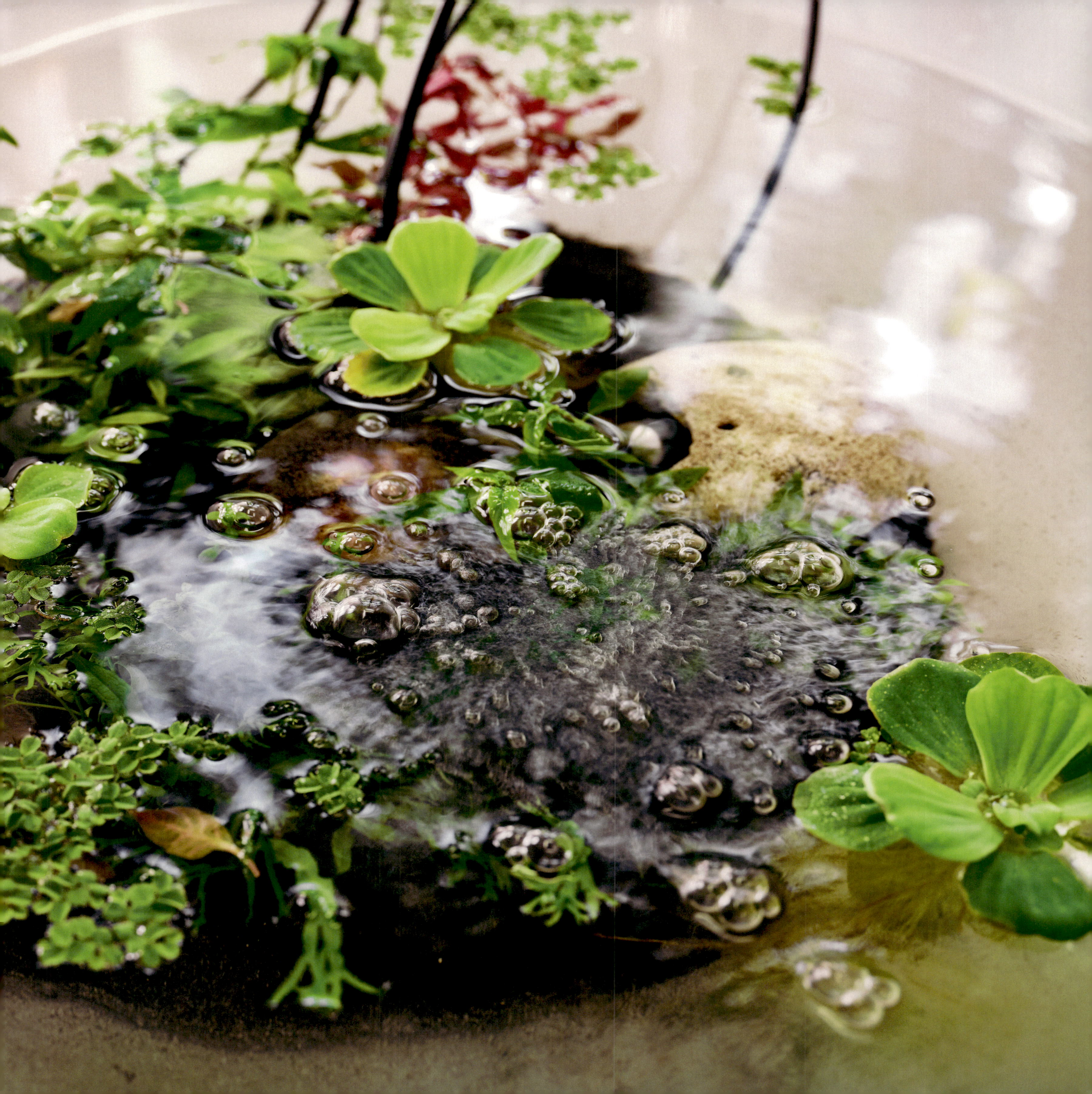

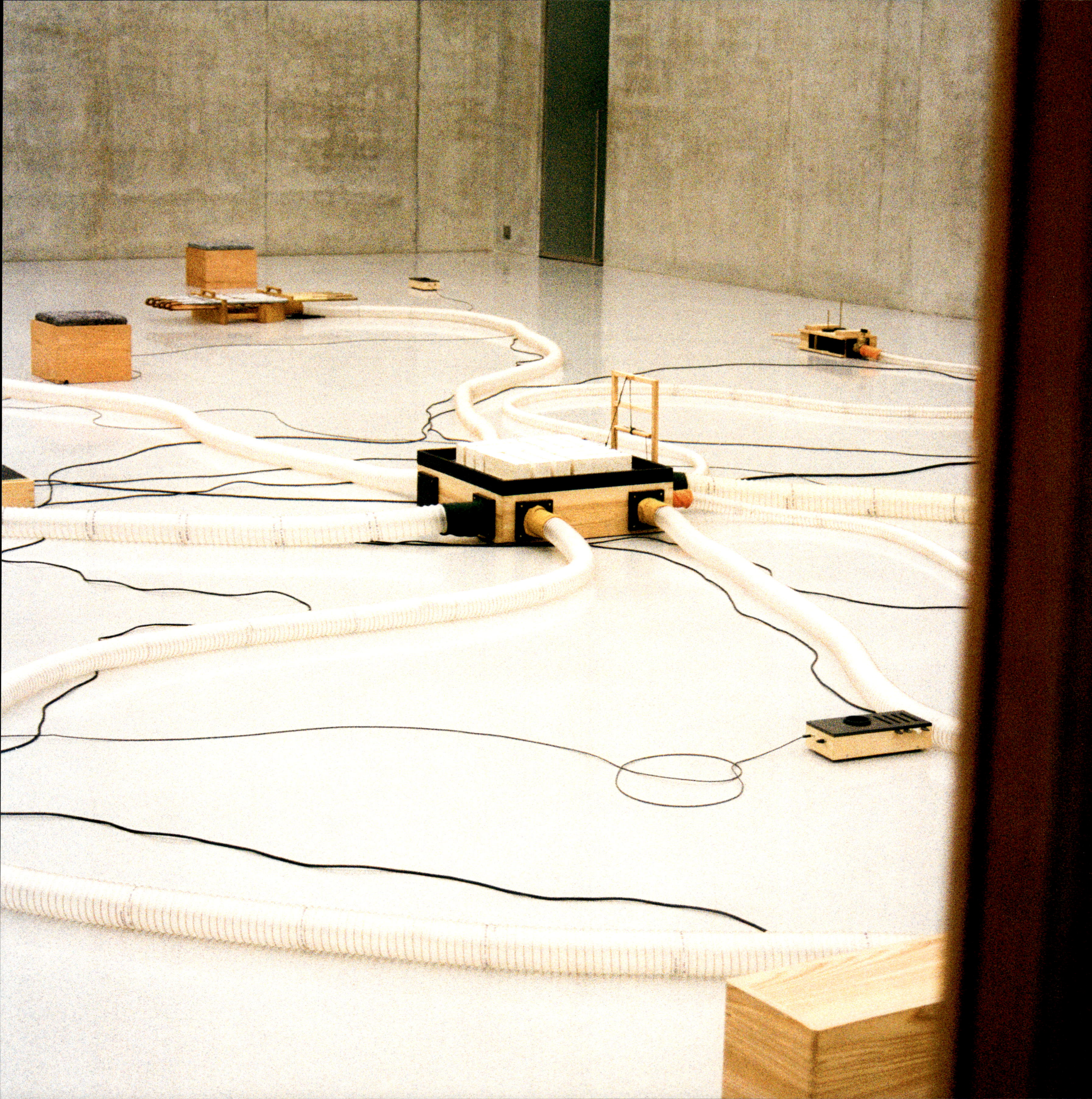

SOUND AS SENSING, SOUND AS HEALING

WITHIN at Bergen Assembly in 2016 untethers sound from listening, moving beyond auditory perception to frame it as an embodiment, an activity that resonates throughout the body. The idea is to be attentive to other sensory faculties, which opens other ways of communicating. We prioritize seeing as the most prominent sense, but the ironic thing about biological bodies is that you can shut your eyes to unsee, but hearing is different. We hear not only with our ears but with our bodies.

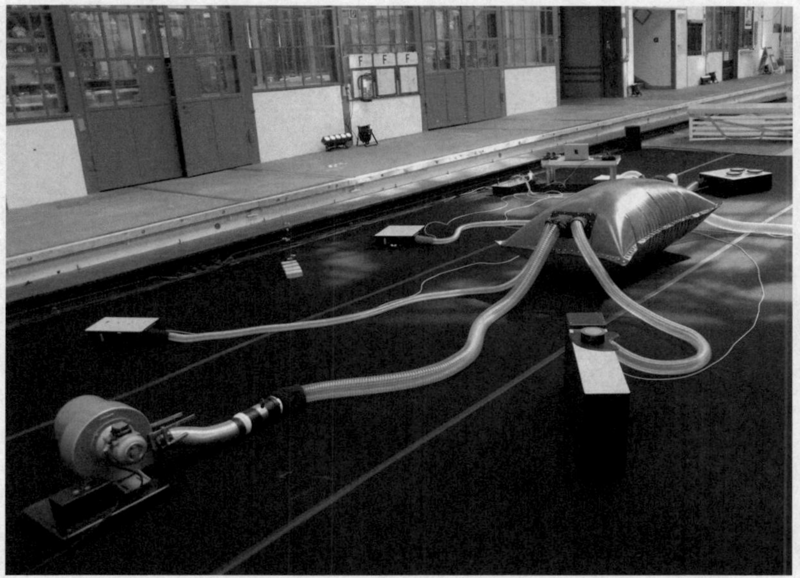

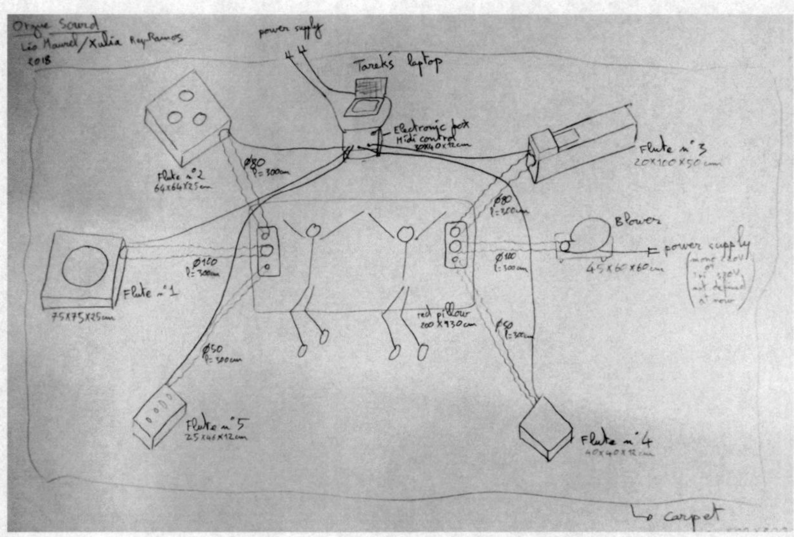

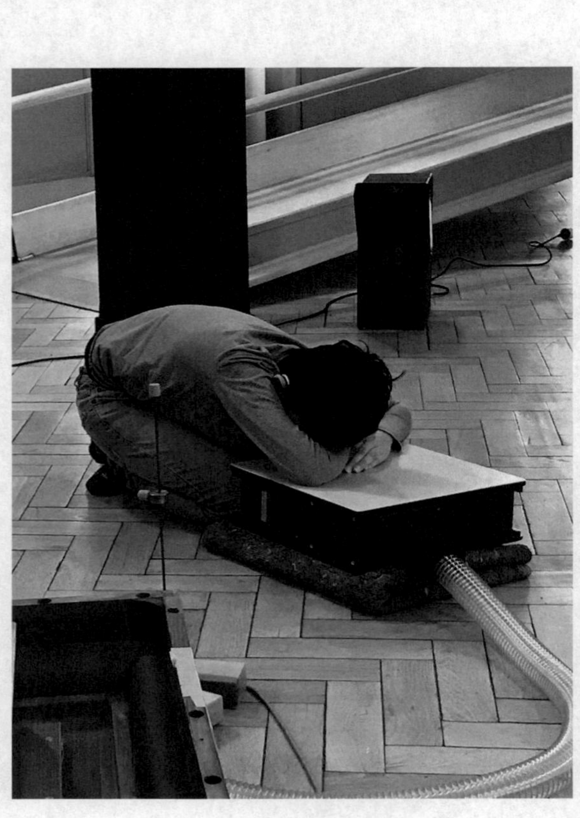

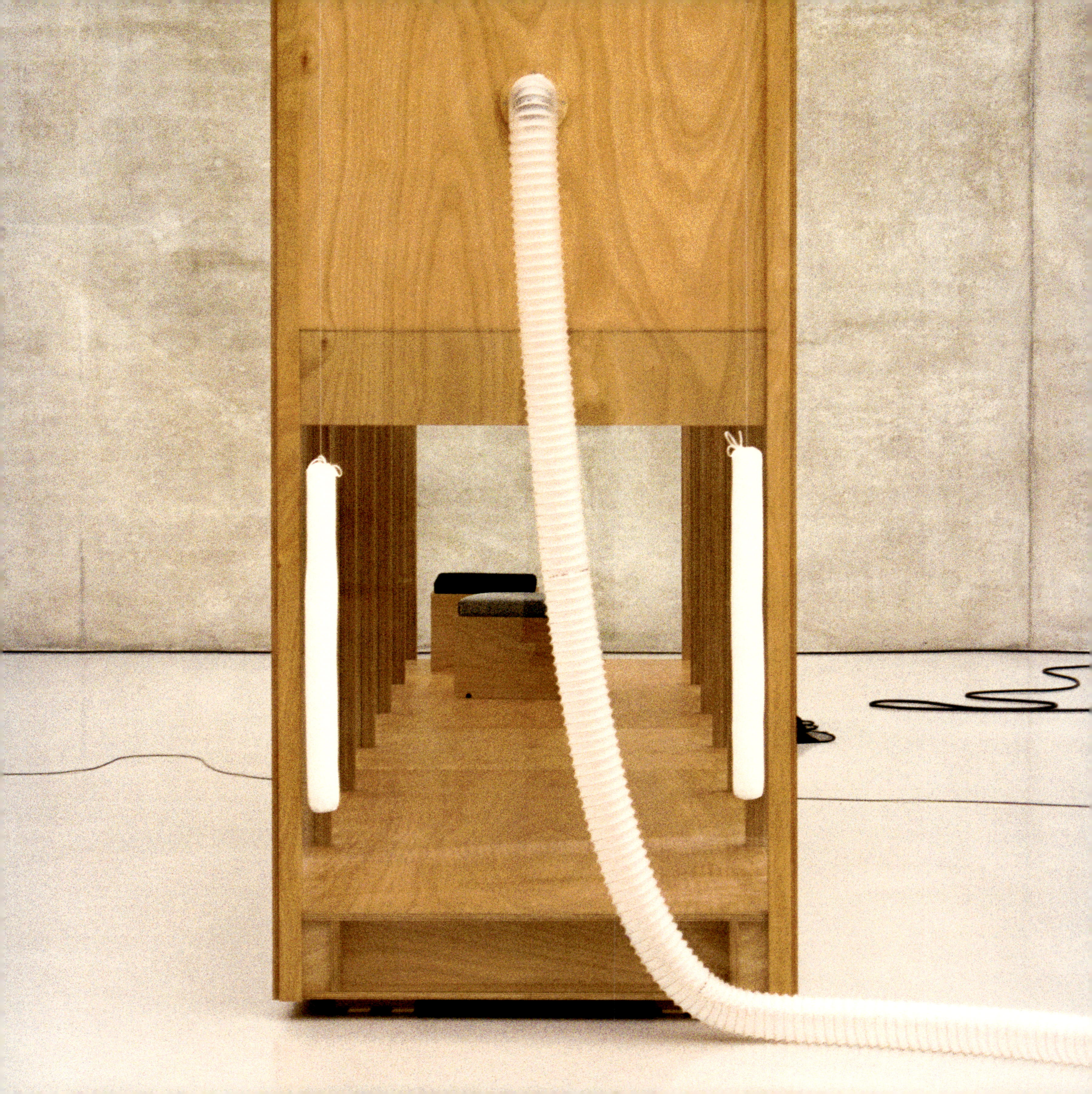

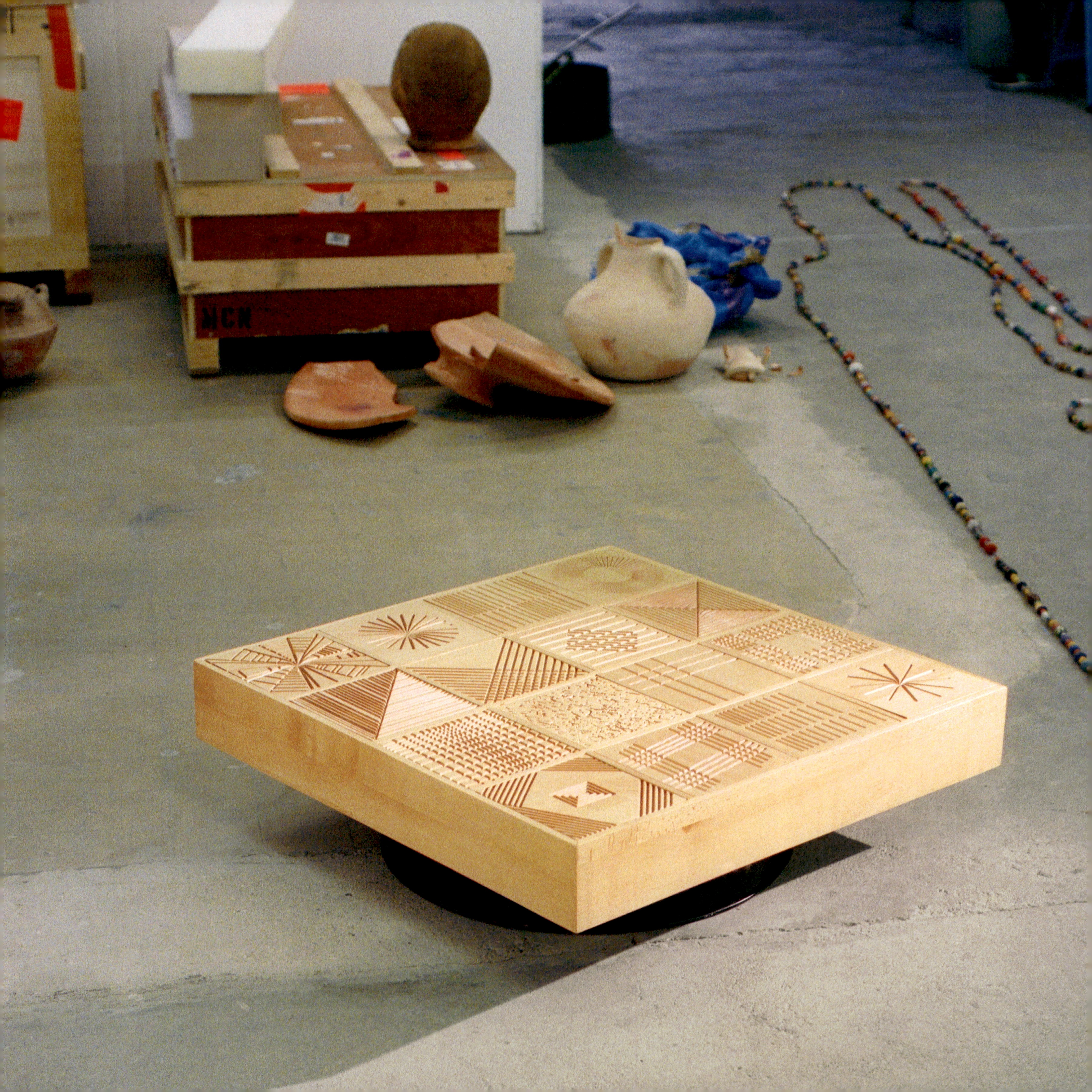

TAREK ATOUI

The techniques of healing through sound, for me, are often cultural and not necessarily global or transnational. All sound is healing, just as all images are healing. There is nothing systemic or scientific about this because it's a very subjective matter. When the rational takes over, it's also this perception of healing that is transformed. Let's take, for instance, somebody who likes noise music, and those who like harsh heavy metal. Such harsh music for many is disturbing and not healing, but for those who love metal music, it is indeed healing. The more we evolve, the more we grow, and the more rational we become, these interrelations become much more entangled and are hard to dismantle or disassemble. It becomes our subconscious, or psychosomatic. It's not so much about unlearning to learn again. Sometimes it is, but in a lot of moments, it's saying let's take it from where we are right now. I'm not asking us to forget about everything we learned or the things we've lived and our life experience. On the contrary, this is the ground. The starting ground is where we are now in the present moment, in this present situation, and we build around that.

If we speak about the deep listening of Pauline Oliveros, and about sound healing and its techniques, we can refer for example to *The Whisperers* (2021–22), or to *WITHIN*. I would say playing here is fundamental because it is a kind of learning how to listen through playing—which is not to be misunderstood with learning how to listen to be able to play. If you take Oliveros, the exercises of deep listening opened or paved the ground for improvisation sessions between musicians. With *The Whisperers*, it was the opposite idea. In the workshops and pedagogical methods I developed, the idea was to encourage us to do it the other way around. Let's start with playing. And from playing, it goes on to manipulating objects, and from there it goes to sound production, and through the collective, we learn how to listen, you see. So it's the opposite. It's like going from a chaotic situation towards getting fine-tuned and refined progressively, where the sensibilities of each person are acknowledged. Each person makes their own discussion and claim.

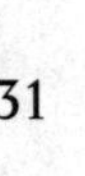

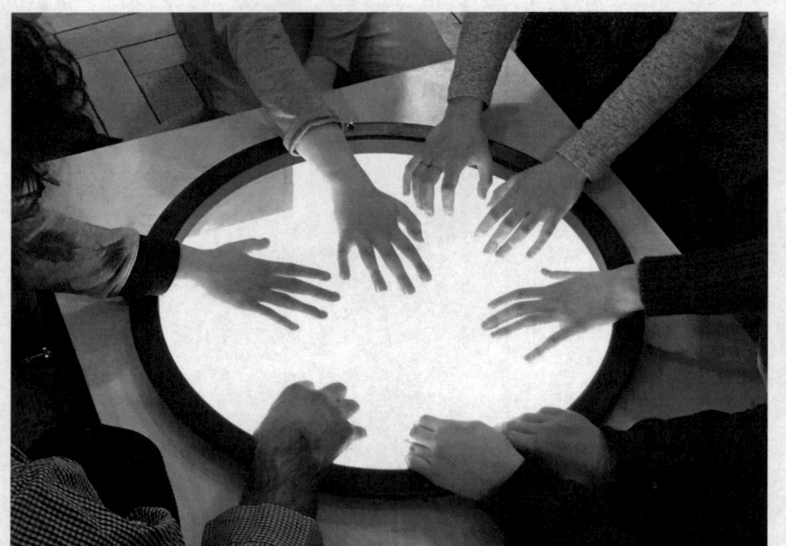

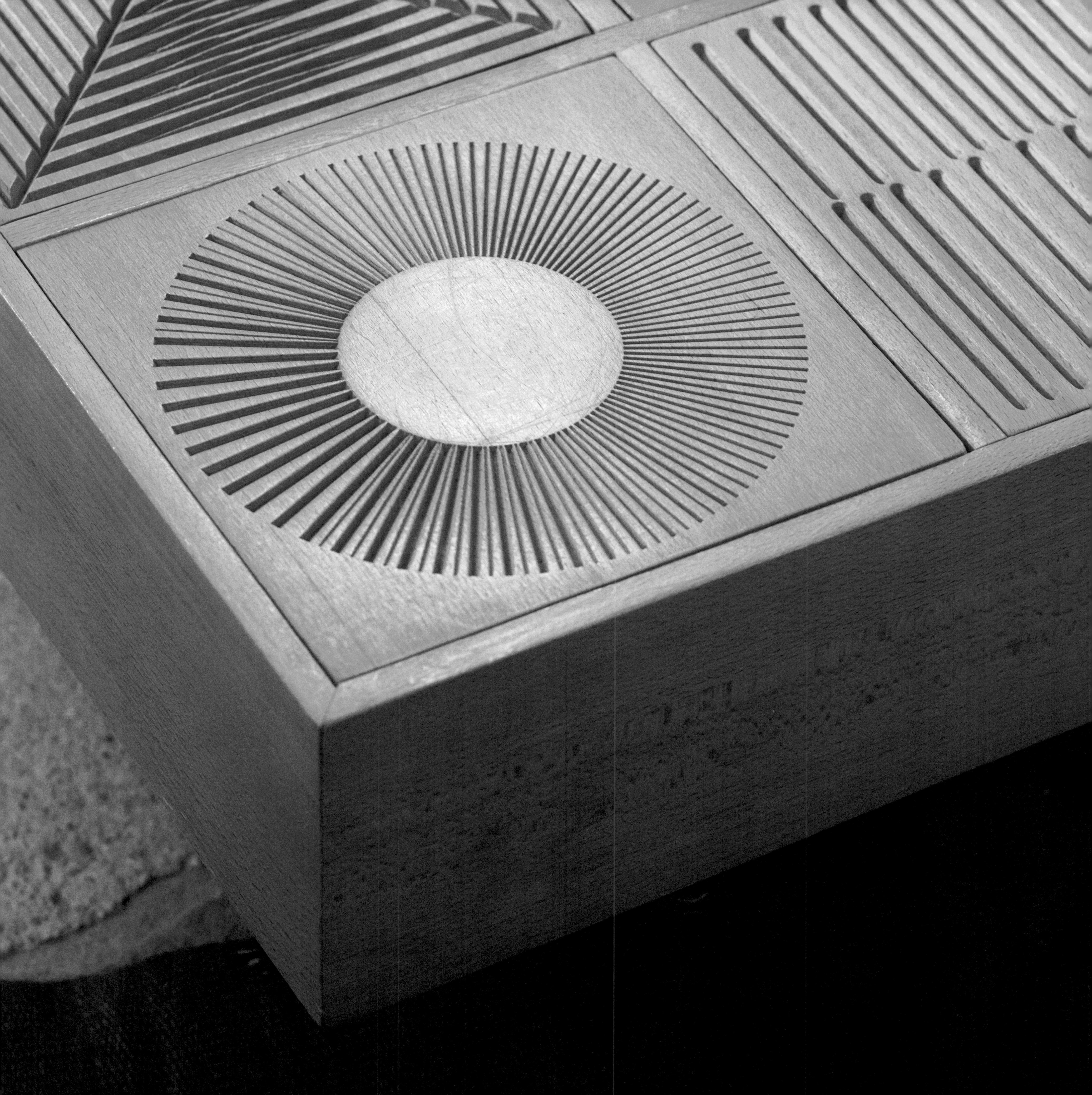

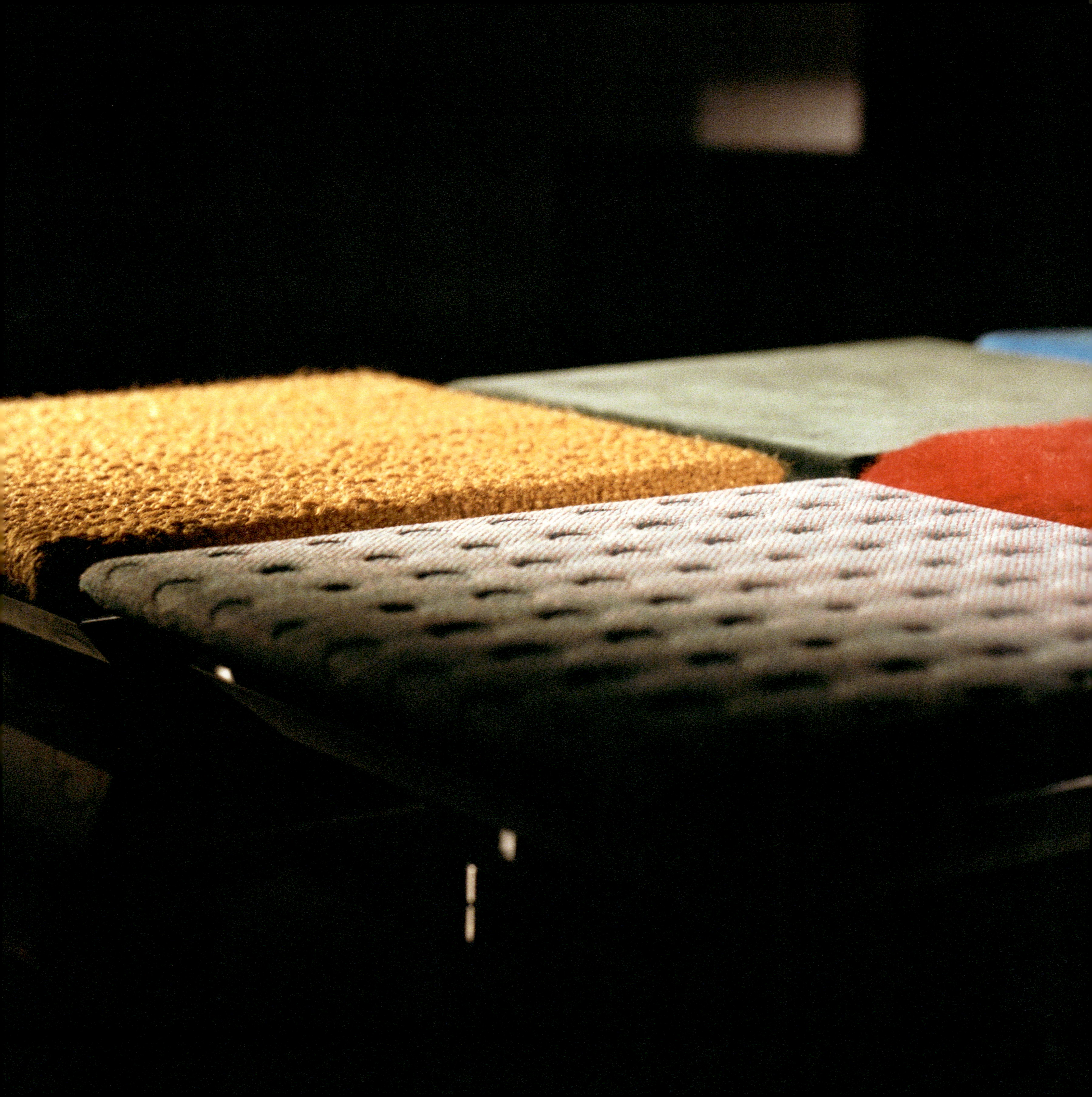

UTE META BAUER
I was wondering what the role of time is in your practice. How do you situate time in your work, the concept of time, and even more profane, how do you decide when to stop or conclude your performances and sound pieces?

TAREK ATOUI
For me this is a very subjective notion—it can be both subjective and objective. Early on, when I started learning music, one thing I struggled with was time. I hated playing to a metronome, and I hated playing on the clock. In the same way, I dislike the idea of going slow or going fast or having a clear distinction between the two. I always tell people to find your own speed; it is about finding one's own pace and being able to juggle between different speeds.

UTE META BAUER
This is why I like exhibitions as a format. It gives you the agency to determine how much time you spend with a work. In contrast, when you attend a theater play or a concert, a film in a movie house, the duration and the rhythm are decided for you. And if you go back and forth between works in an exhibition, new meanings occur.

TAREK ATOUI
That is fundamental for me. It's one of the reasons I shifted to art. This idea of being able to tailor and carve your own time without being subjugated by duration: you can decide to go quick, or you go slow. I find it a bit patronizing to always tell people to slow down. If they want to go fast, they should also be able to. It's a matter of an internal clock, and being able to balance it. And when you improvise, you learn this as well. The idea of time and how and when something ends. I've played together with many people and I've noticed that where I like things to end is very personal. It's not necessarily where my colleagues or the people I'm playing with feel it's time to end. So it's a negotiation each time.

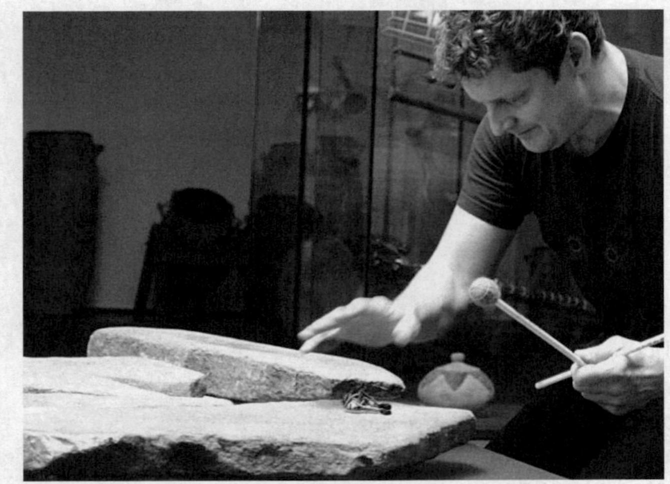

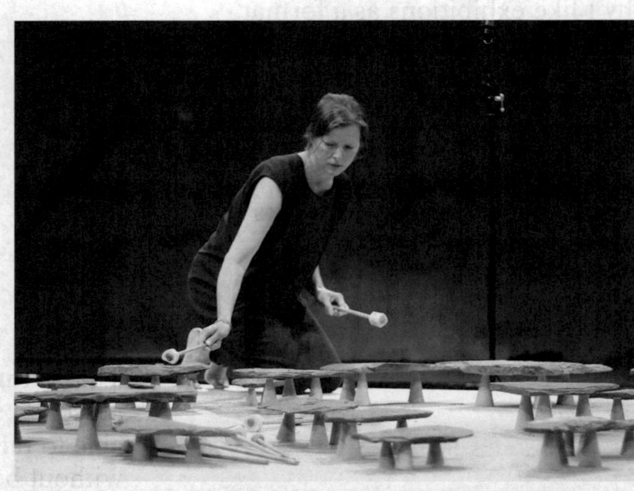

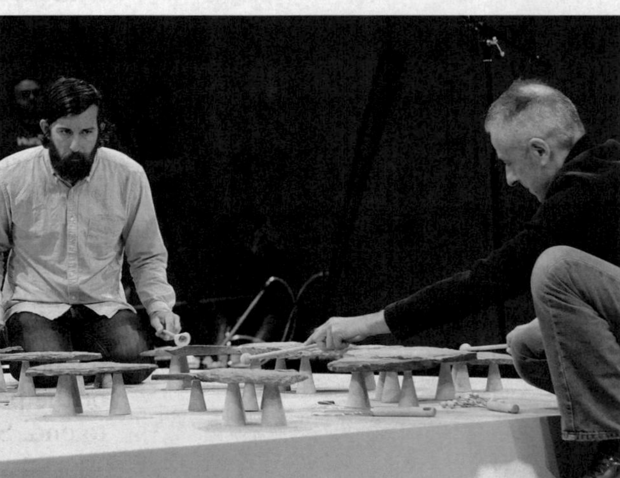

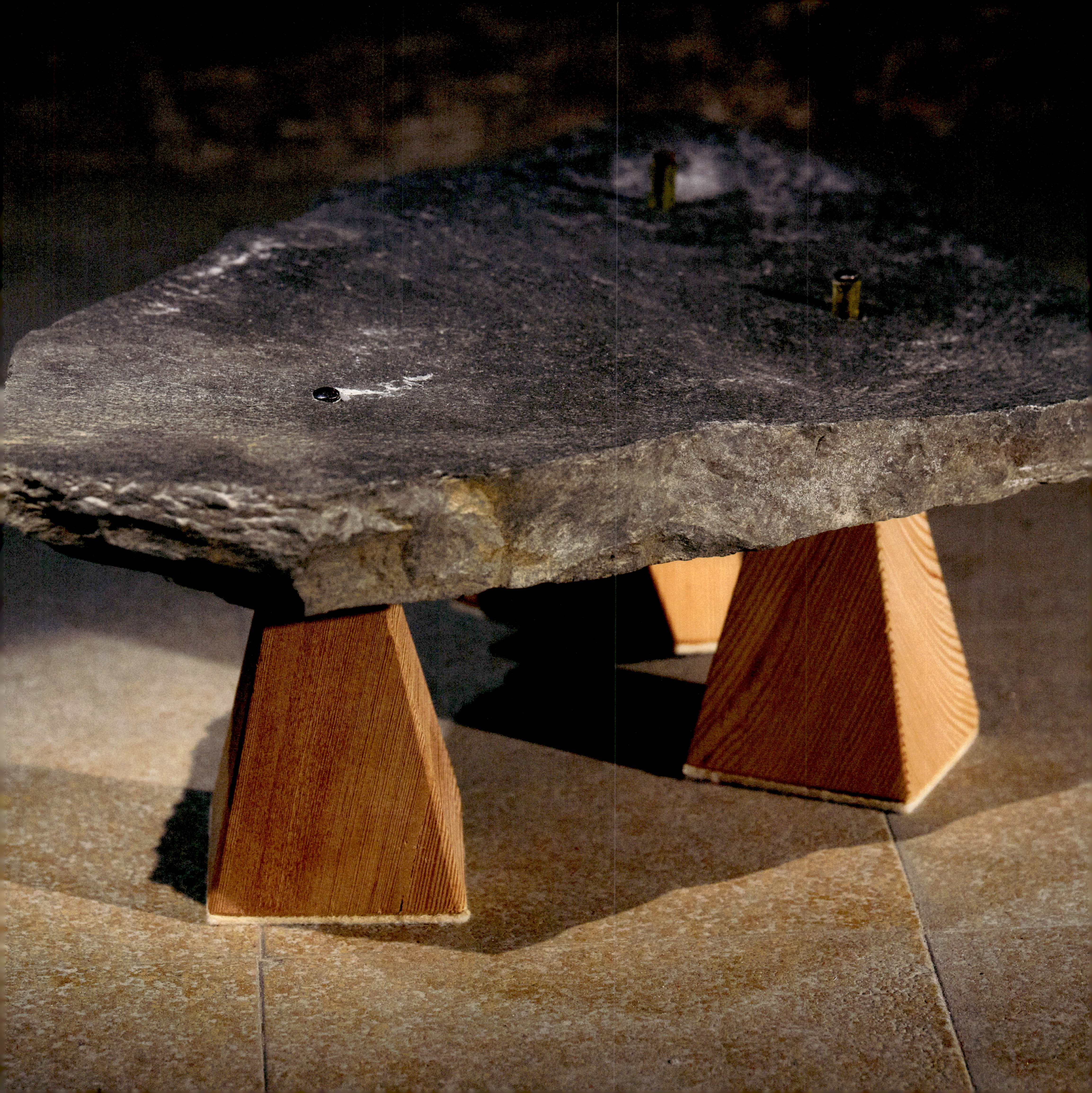

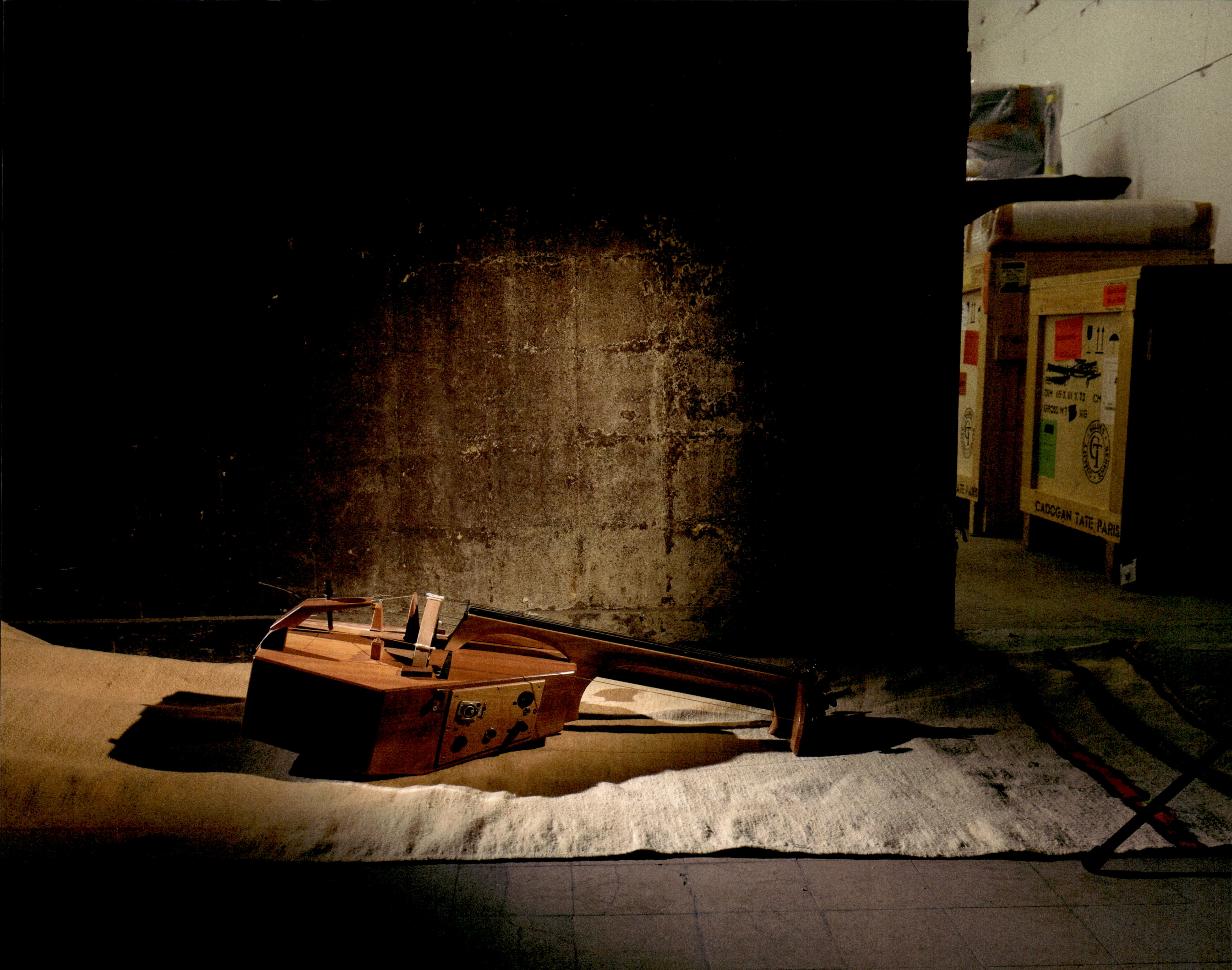
CADOGAN TATE PARIS

MATERIALS AS (MORE THAN) INSTRUMENTS

The Reverse Collection

Materials are embedded in a locale, an environment, whether natural or built, extending their properties beyond; they are like an audible form of ID, embodying where they are coming from, how old they are, and so forth.

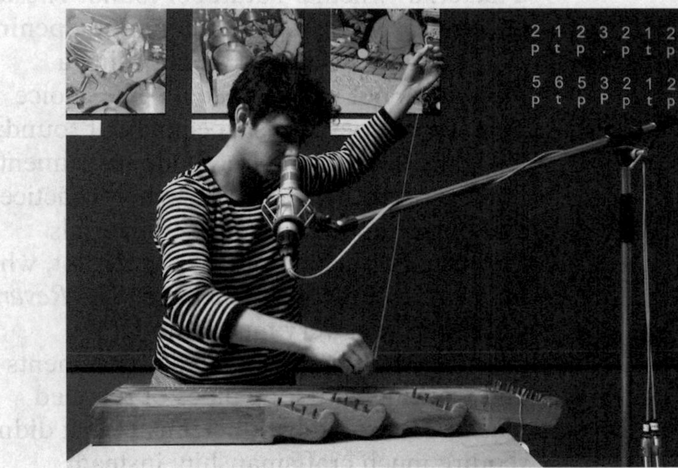

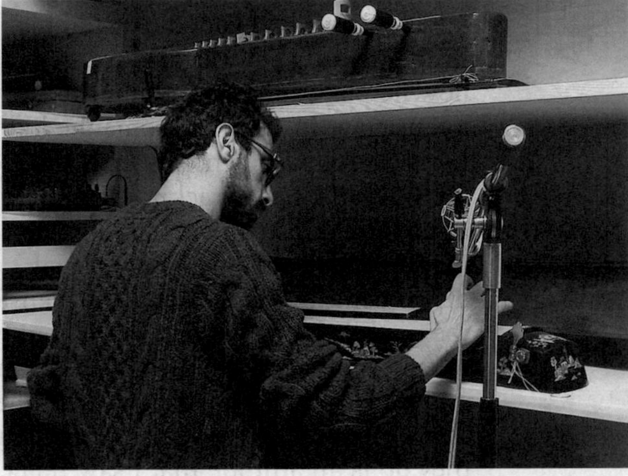

The Reverse Collection (2014–21) and the experience I had at the Dahlem Museum emerged from sound and from the examination of sound artifacts and objects. The experience at Dahlem pulls observations and draws inspiration from looking at their collection of wax cylinders and old recordings. While looking at these, I encountered the collection of old instruments that led to the idea of imagining and recreating new instruments from the sound of old ones, with the epiphany that the materials an instrument is made from also defines how it sounds.

In *The Reverse Collection* and *The Dahlem Sessions* (2014), I was still working with artifacts and items from the sound and music world. However, that experience shifted my focus towards materiality. The capacity of sound to transform shapes and instruments brought me to investigate materials. I began collaborating with instrument makers, observing how each had a different approach to and understanding of a material—whether natural or found. These encounters were, for me, very mind-opening.

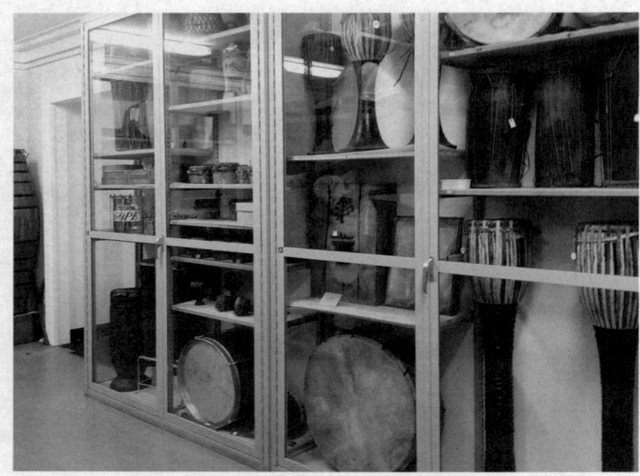

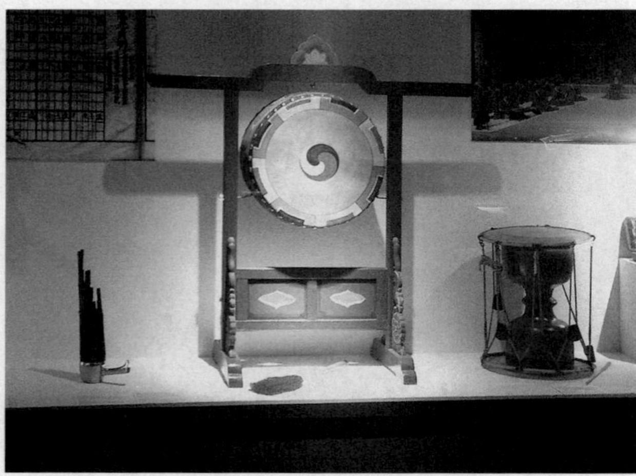

I quickly realized that choosing a material is not innocent at all. The choice of material doesn't just speak about sound; it speaks to who you are. Some instrument makers or musicians identify their practice and personhood through the materials they use. For instance, Thierry Madiot, who built some of the instruments of *The Reverse Collection*, was very much into DIY practices, building ephemeral instruments and working with long pipes of recycled plastic. He worked with elements that didn't require much craftsmanship, instead creating a collage—a mash-up of materials and elements he needed to build his instruments. That was also translated into how he played music and improvised as a musician. In contrast, someone like Léo Maurel, with whom we built the organ for *WITHIN*, has an acknowledgment of historical instrument-making. He revisited diagrams and schemes of medieval instruments in the Baroque era, transforming them while being very careful about his selection of wood and how he assembled the materials. When I performed with these instrument makers, I realized that what they do is an attitude that I saw reflected in their sound. For me, it was a first contact with this cultural dimension, where the choice of material identifies who you are. It's not just about sound; it's also about a relation to the world and a state of being.

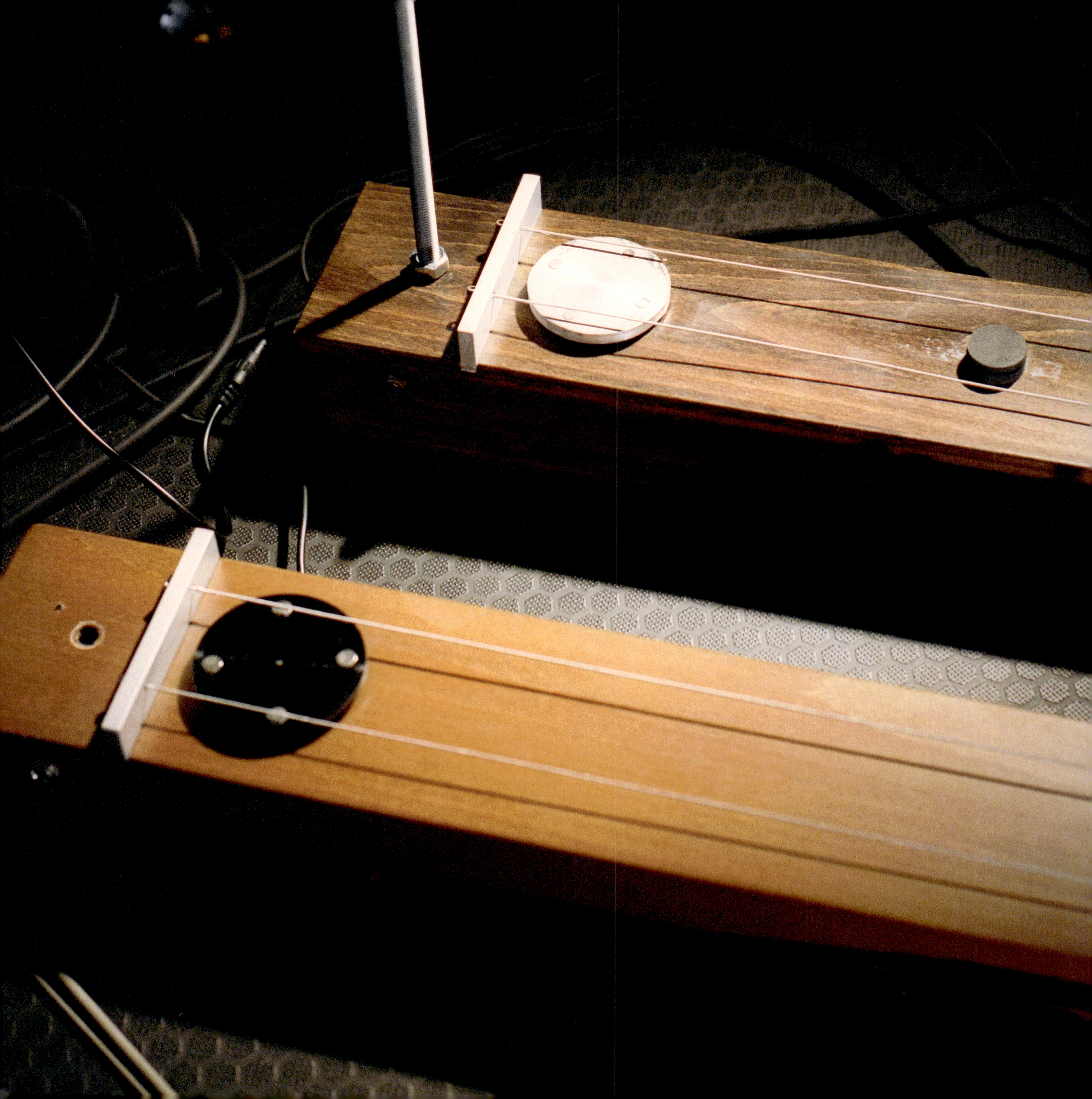

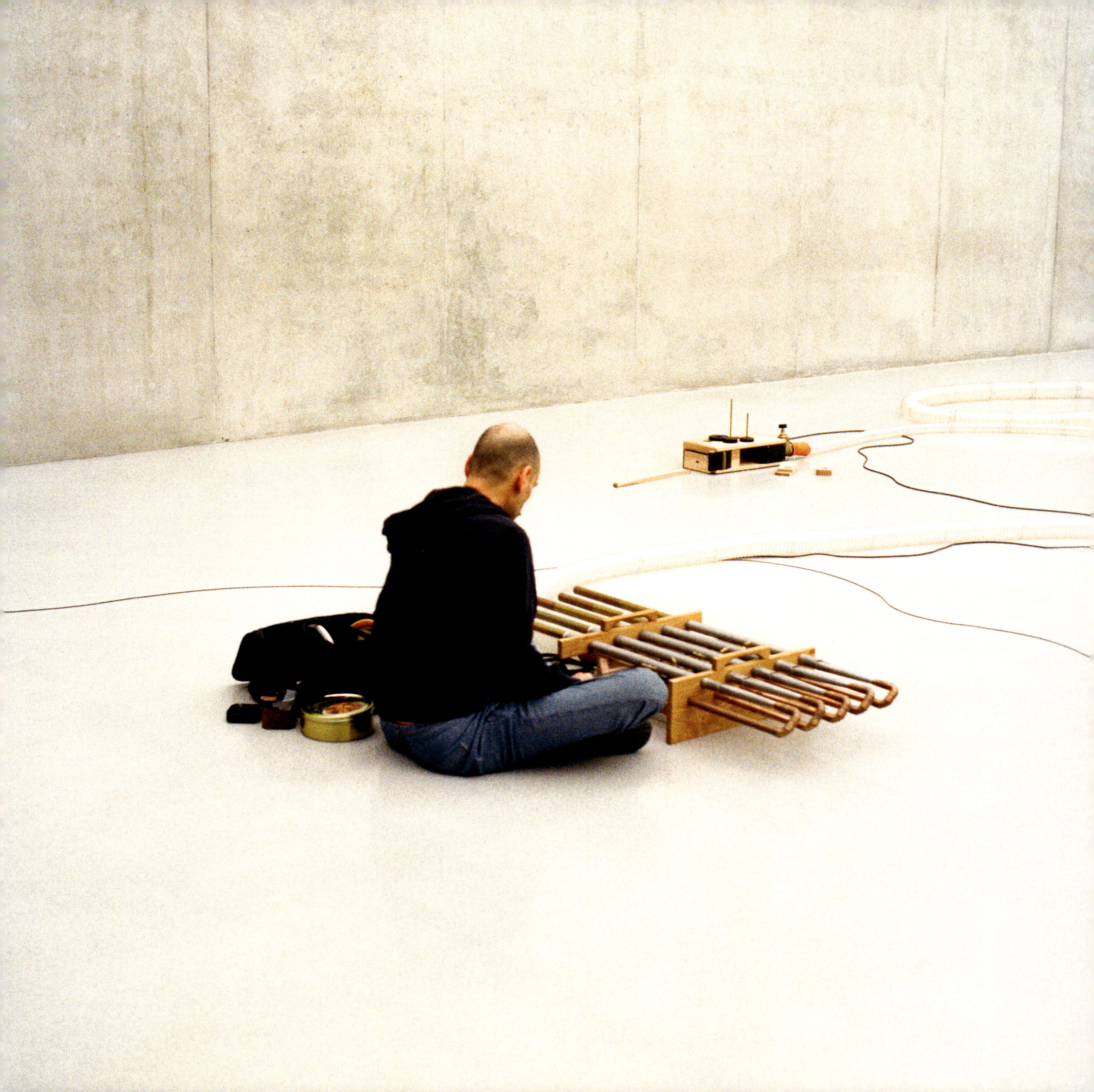

UTE META BAUER

The aesthetic framing of sound also emerges from the performative gestures that are almost ancestral and shamanic in movement—gestures of the hands originating from within, interacting with electromagnetic waves in the air in an energy-like sequencing, where sound can be felt and sensed without necessarily being heard.

TAREK ATOUI

There are different stages, it is coming out of experience, and I'm still learning about it, this relationship to material sound. It not only touches on culture, but also on architecture, on social dynamics. It even touches on a psychological state of being. But first of all, there is the idea of how does a material sound. You take a piece of glass, you strike it, you blow into it. There are techniques from the instrument and the musical world for how to get sound out of objects. You can make it vibrate; you can make it resonate, pulling from different techniques, and that created the three families of instruments: string, percussion, and wind. You can call that an ancestral approach. But then there is also the notion of time and how an instrument ages. It's not innocent, how you extract sound from an object; you are affecting it, transforming it. An instrument can deteriorate because it's vibrating. It's in motion. It is subjugated to forces that are making it resonate or vibrate, and vibration is a kind of erosion somehow. But then there is a memory that forms as well. You can learn this from wood. Wood has a memory, wood develops, as does metal. In the world of sound, we know that a violin, any wood-based instrument does sound better over time when played by good musicians. And of course, the most expensive violins are the ones that are played by very famous musicians.

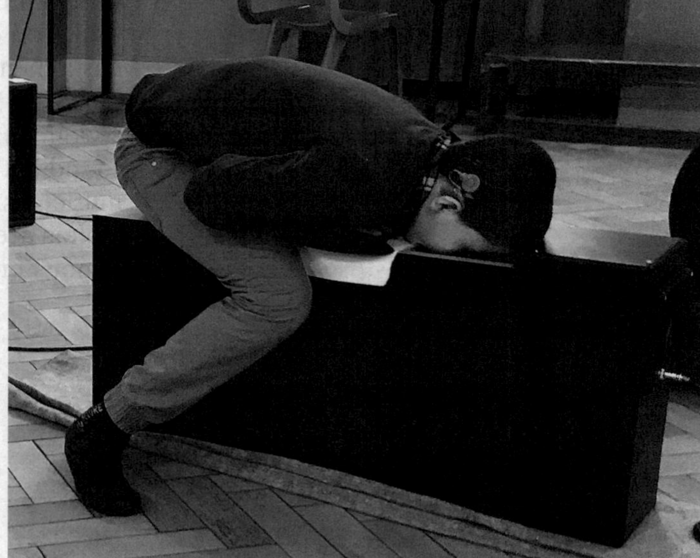

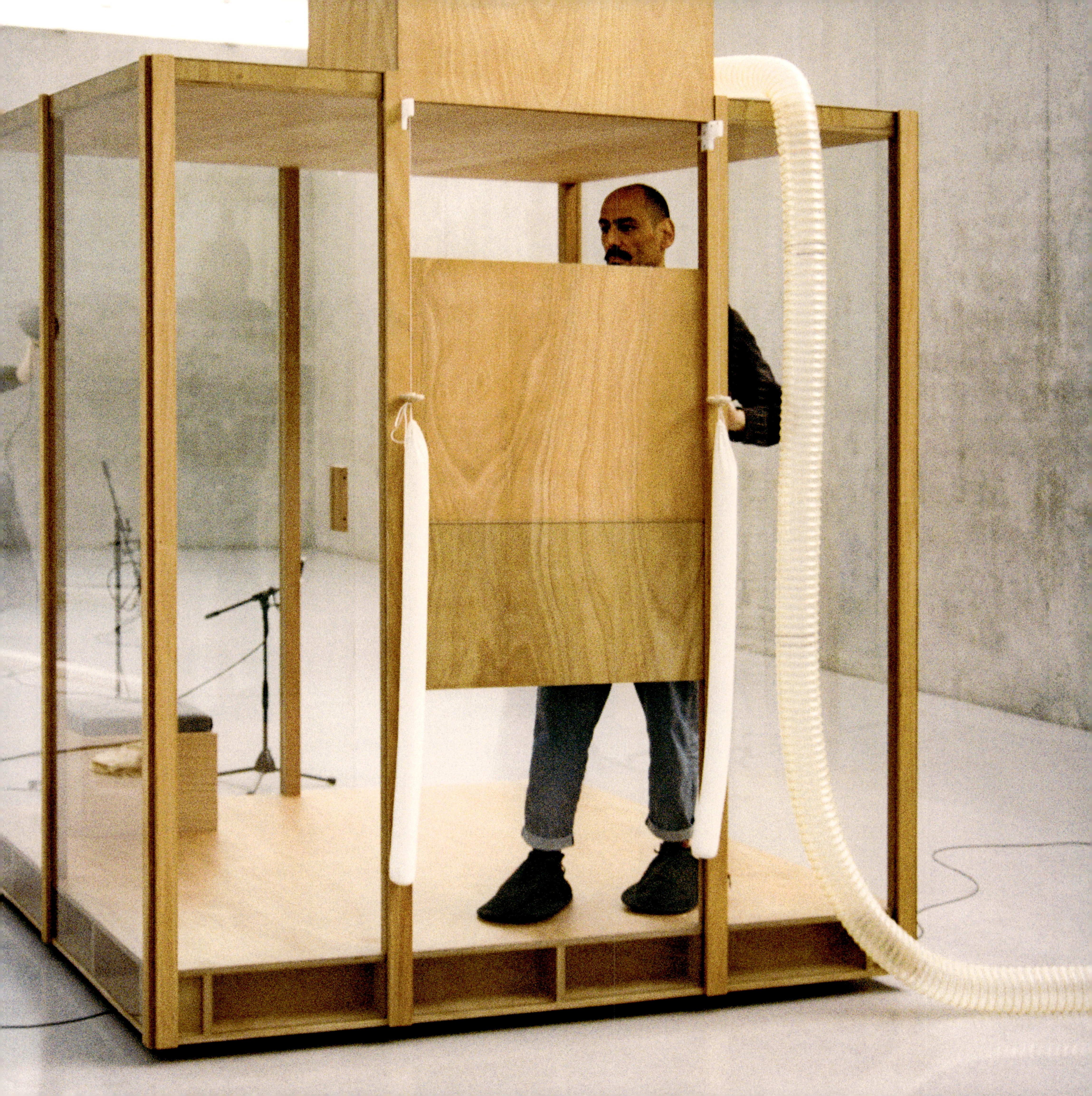

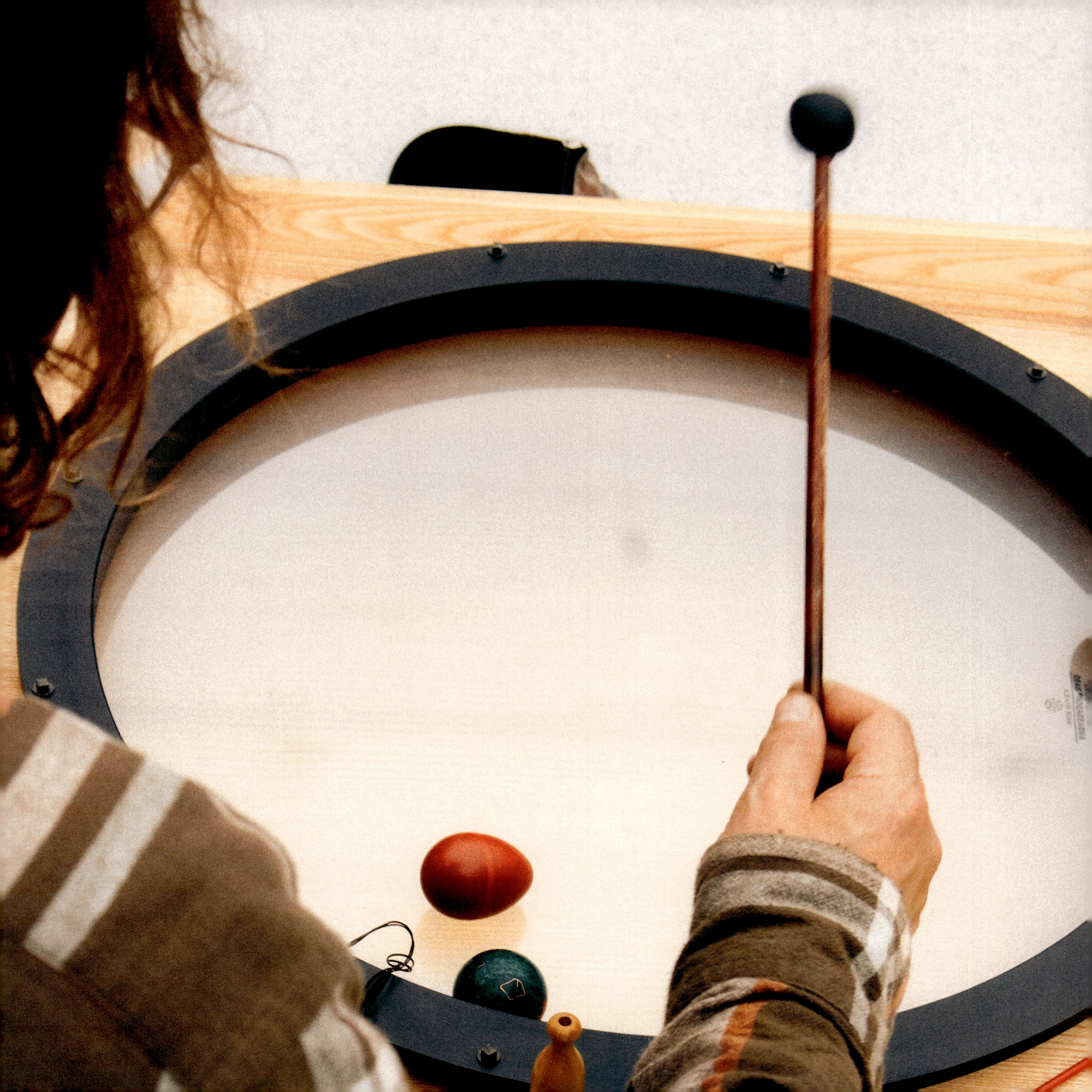

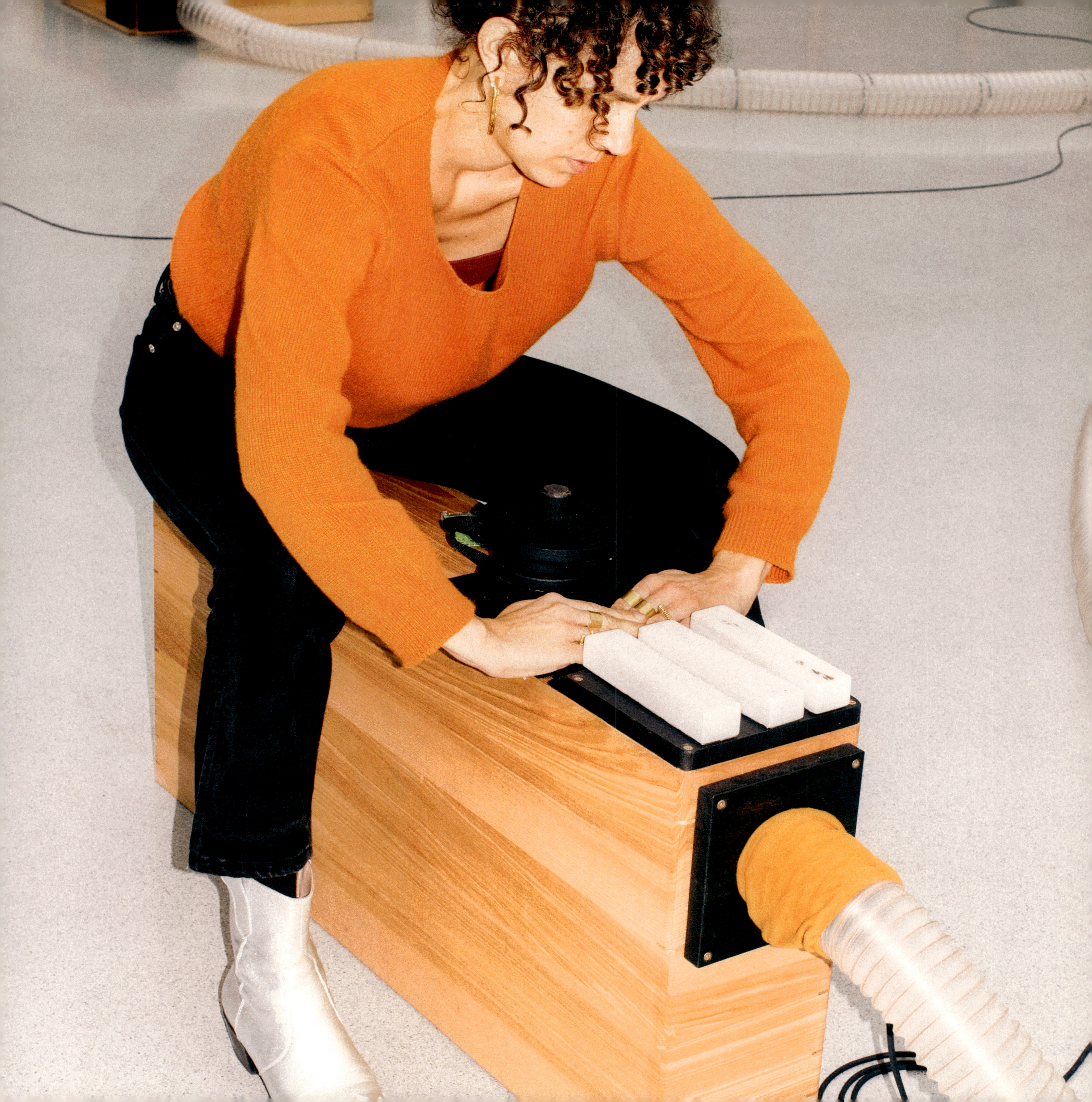

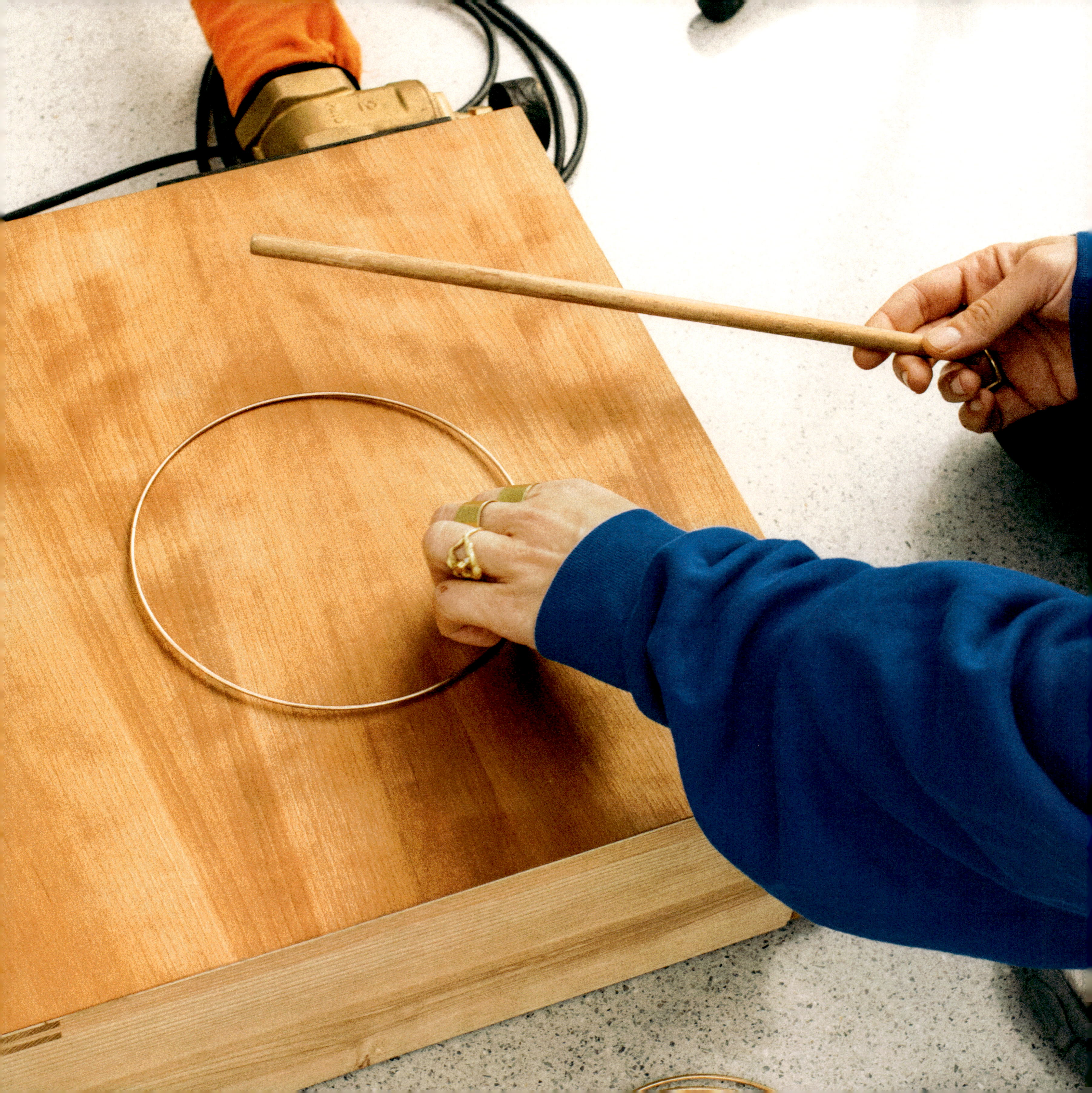

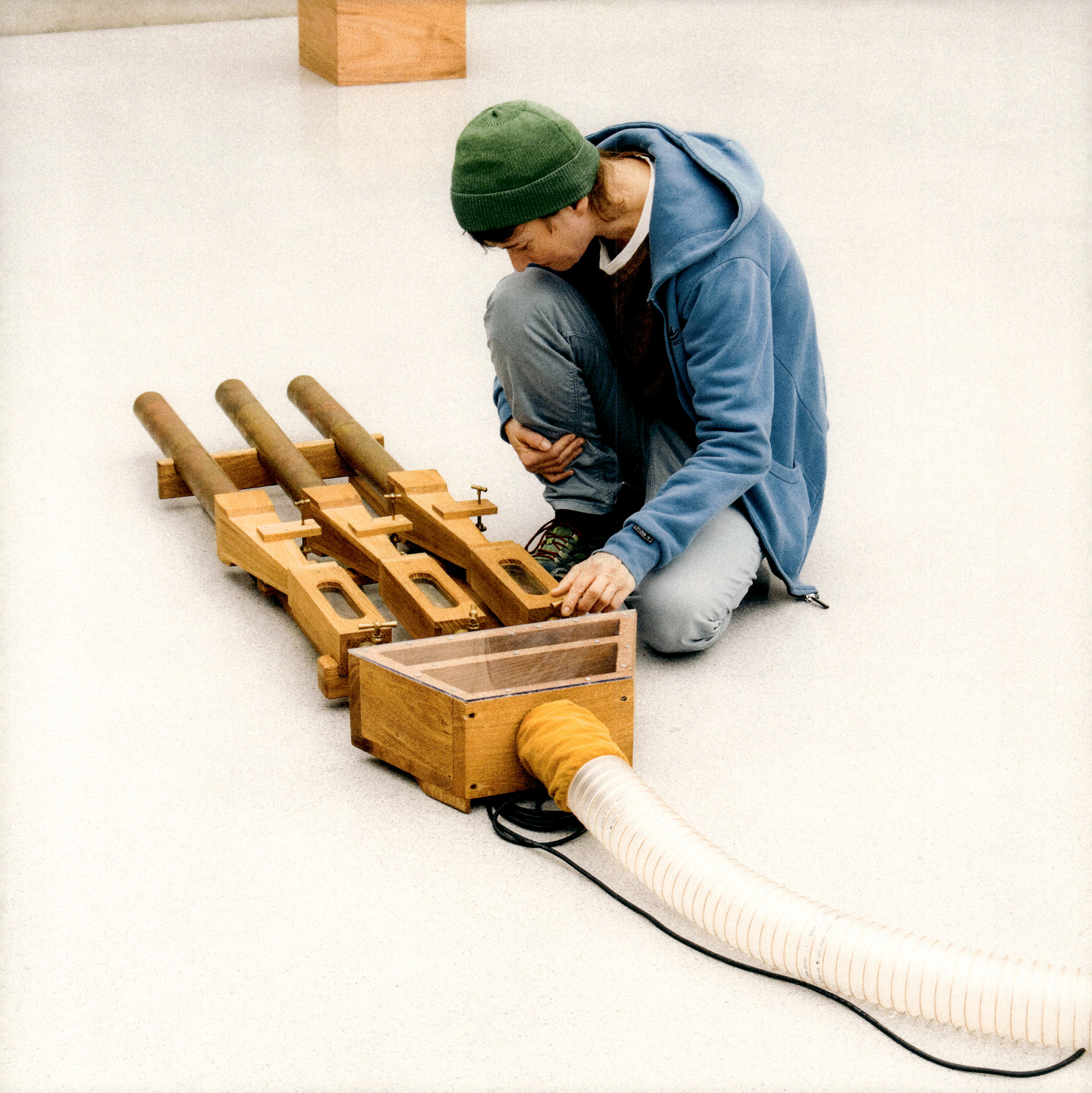

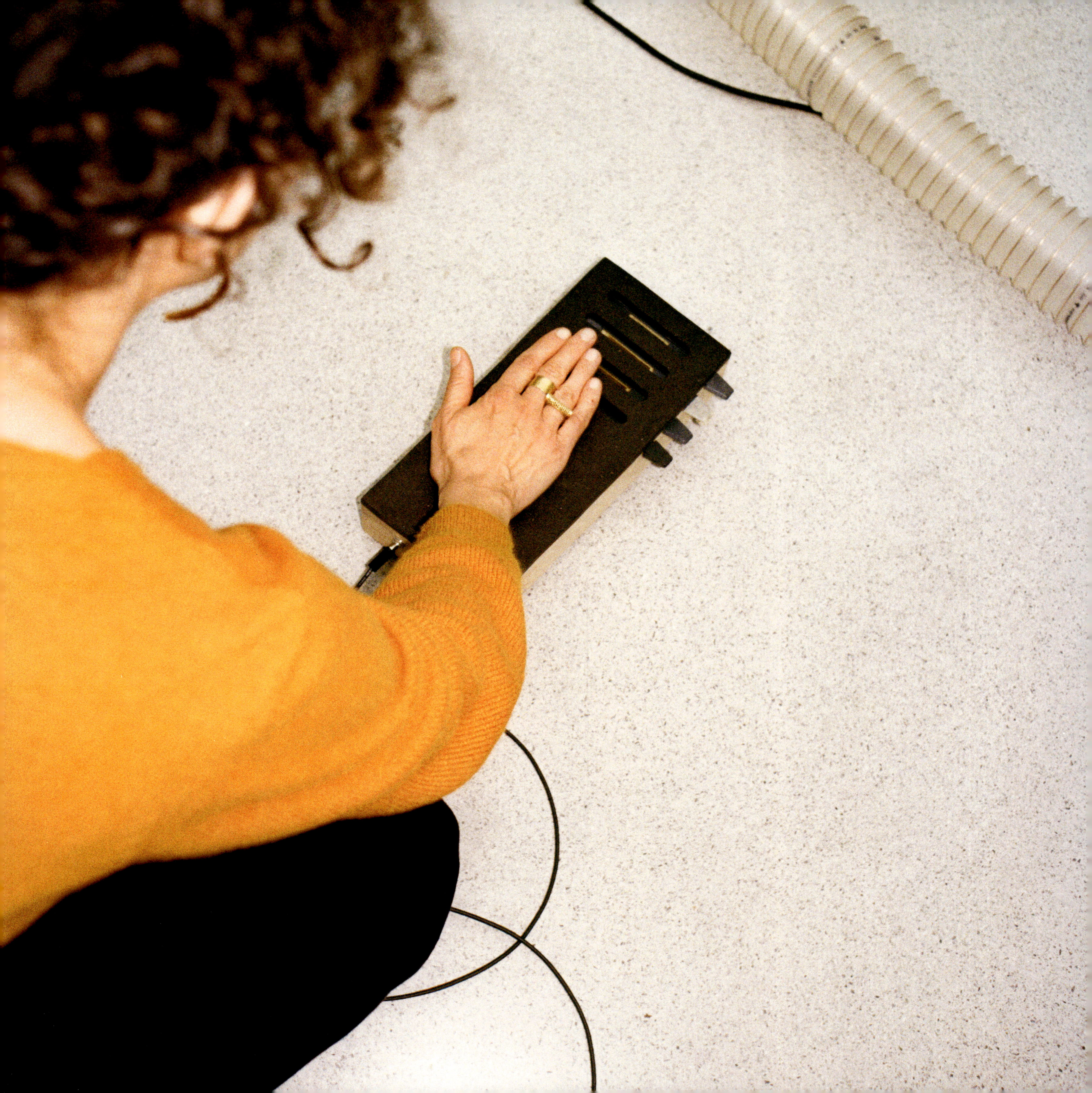

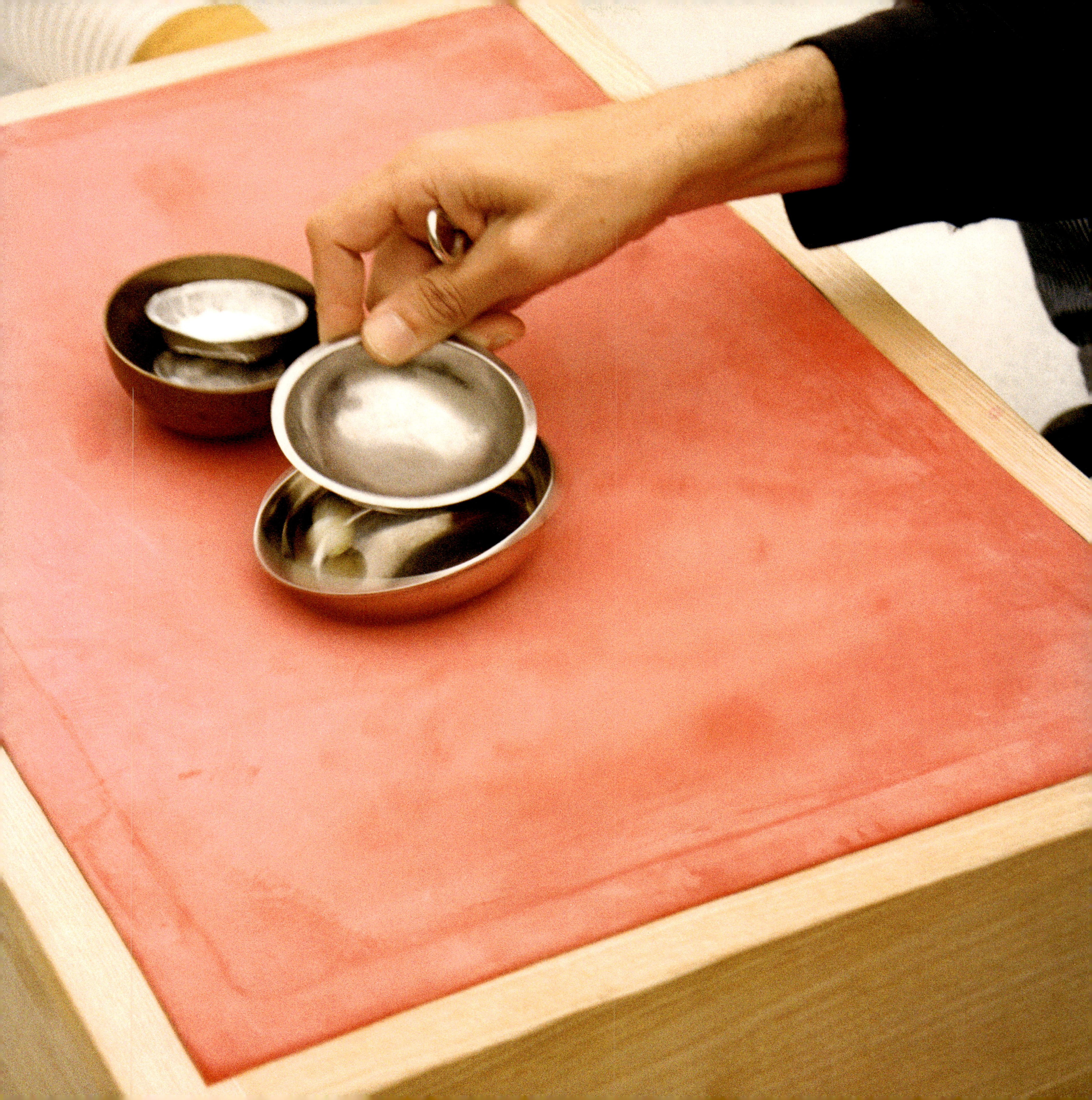

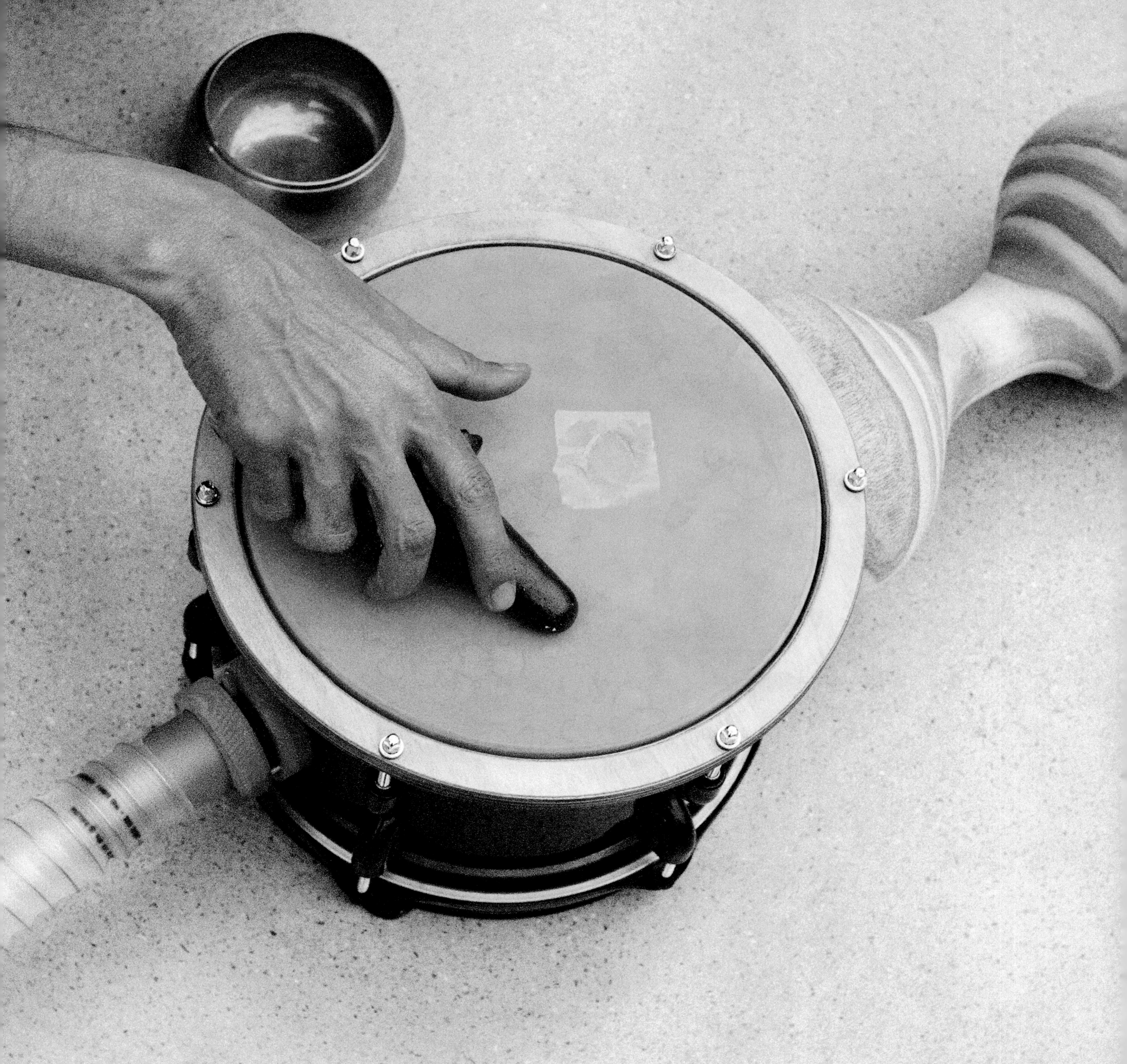

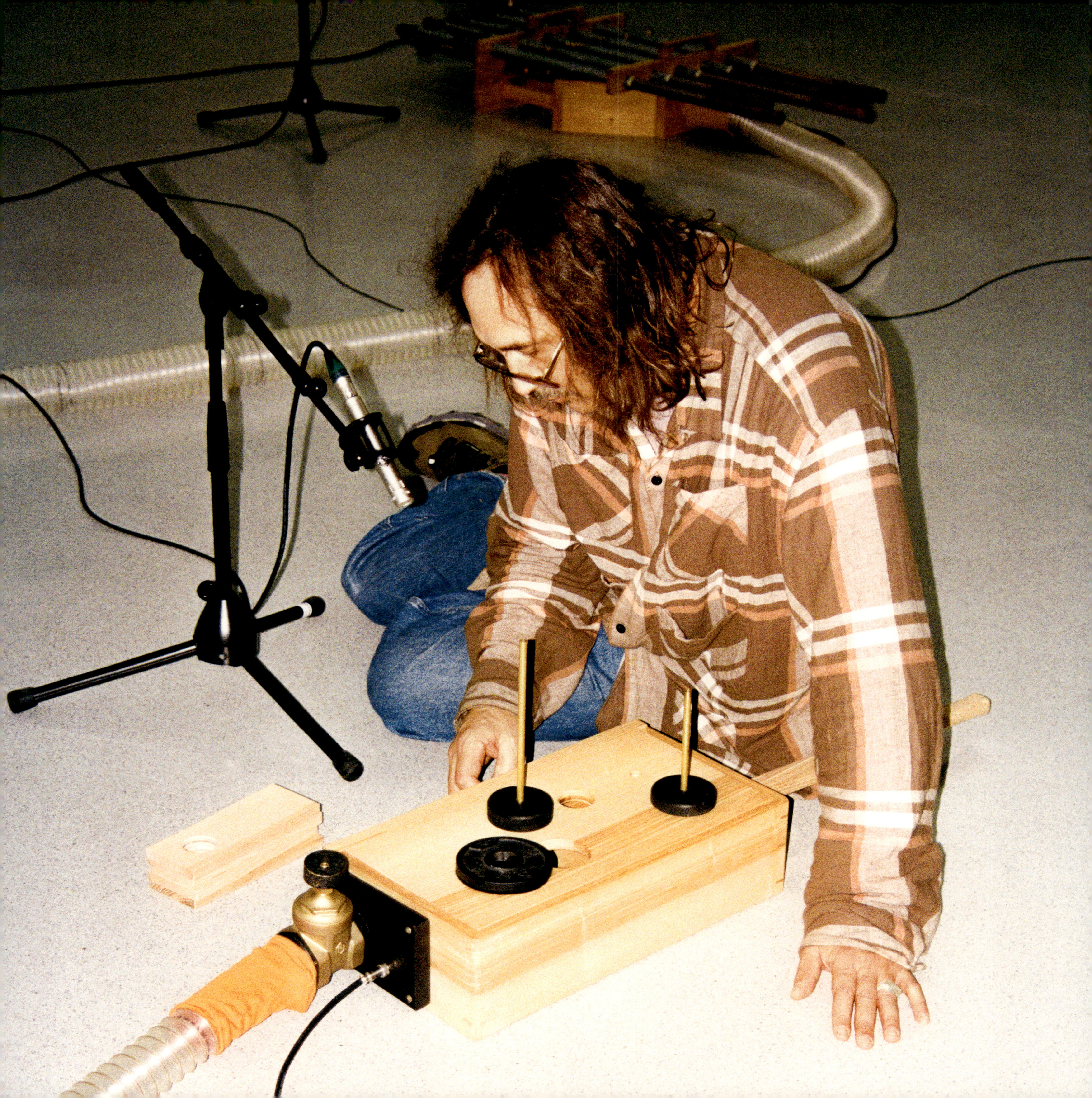

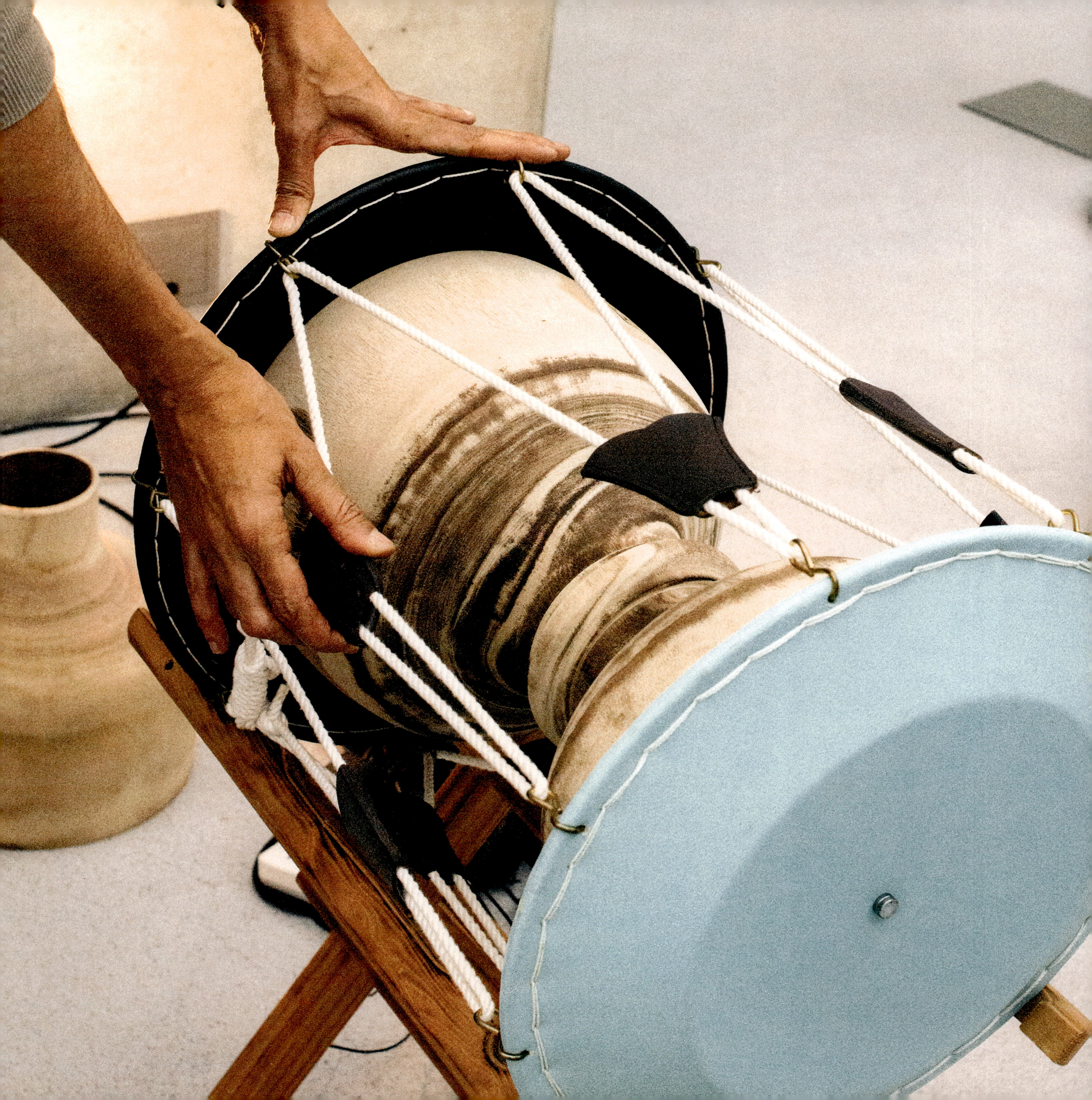

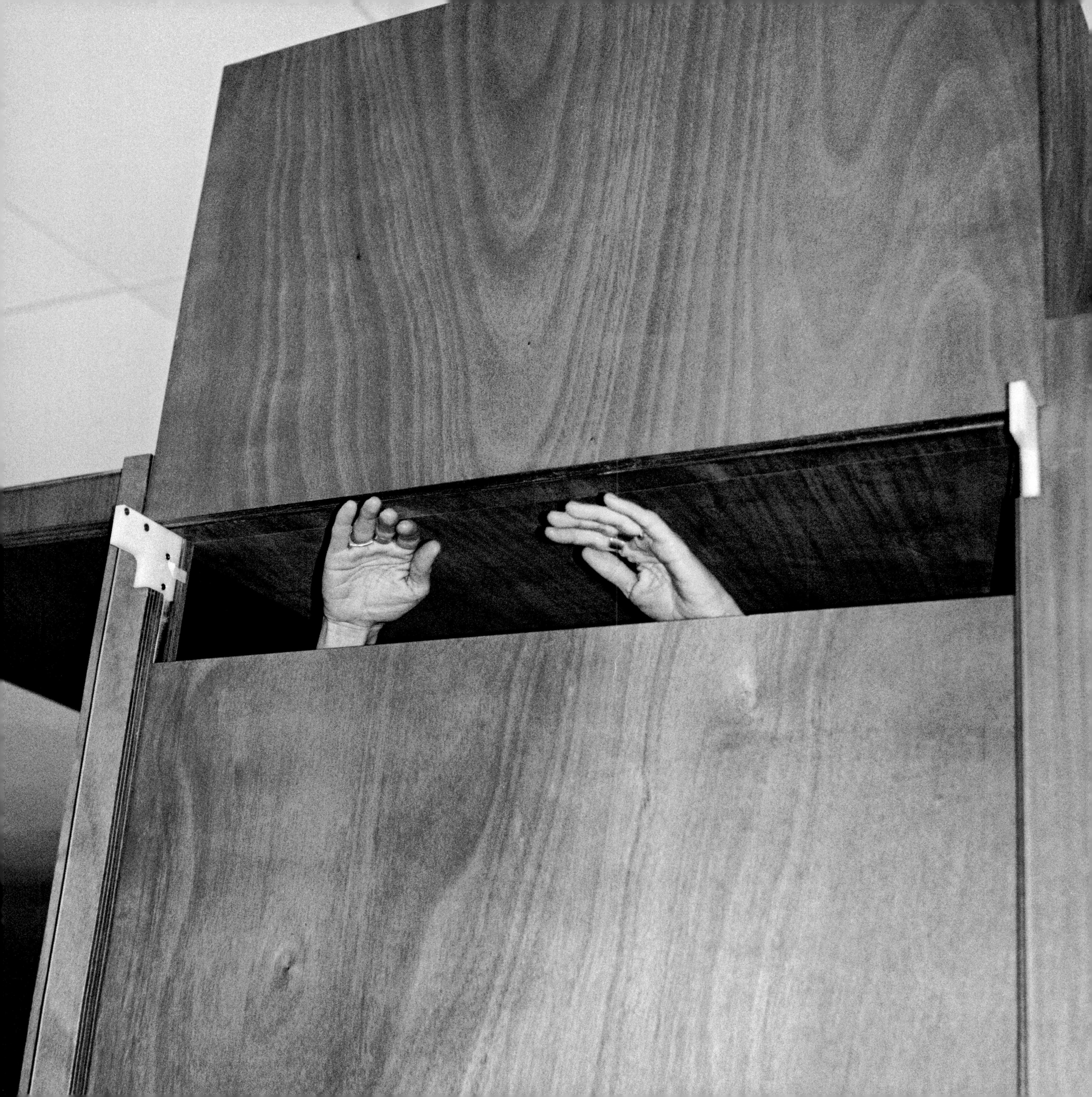

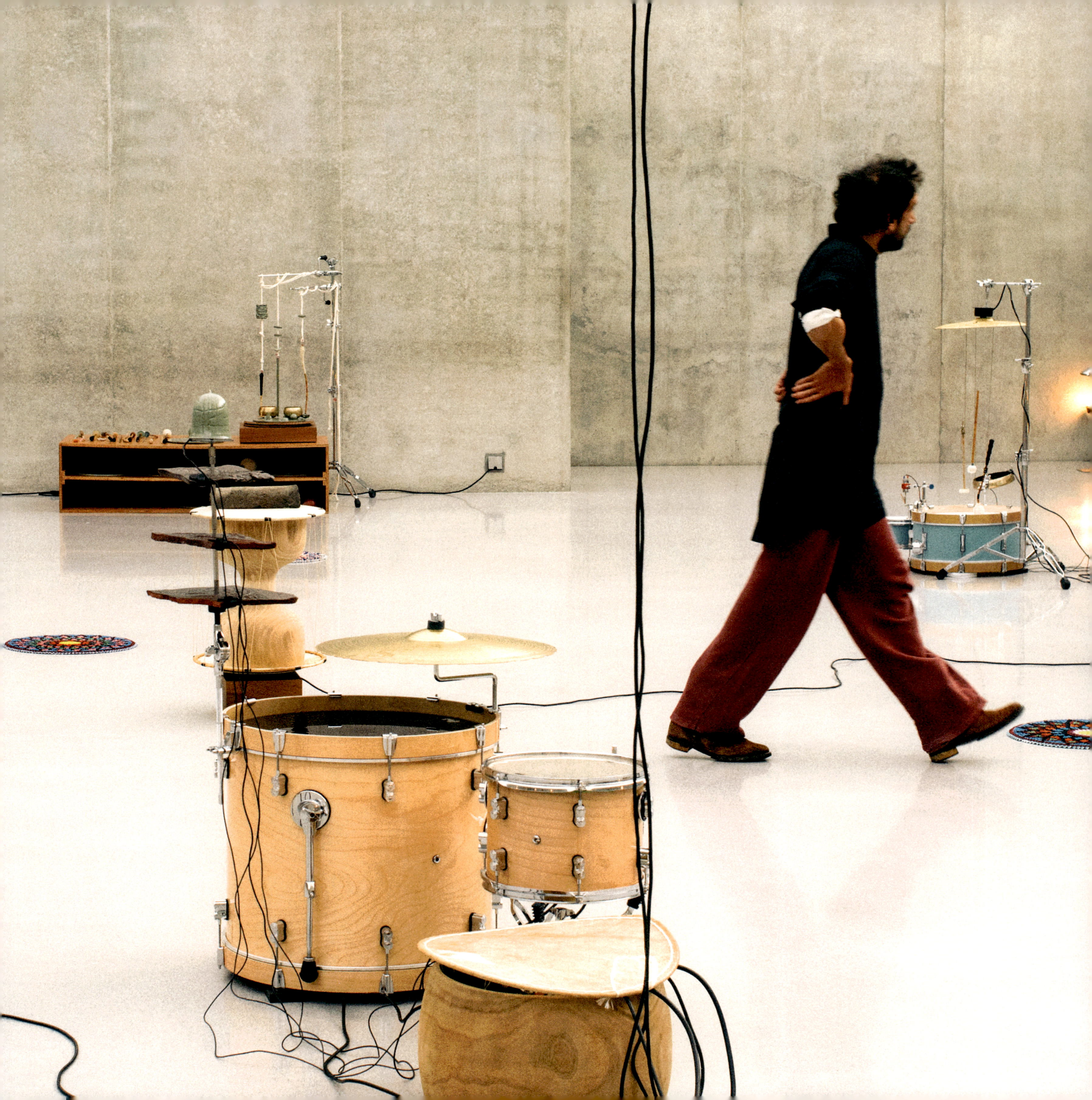

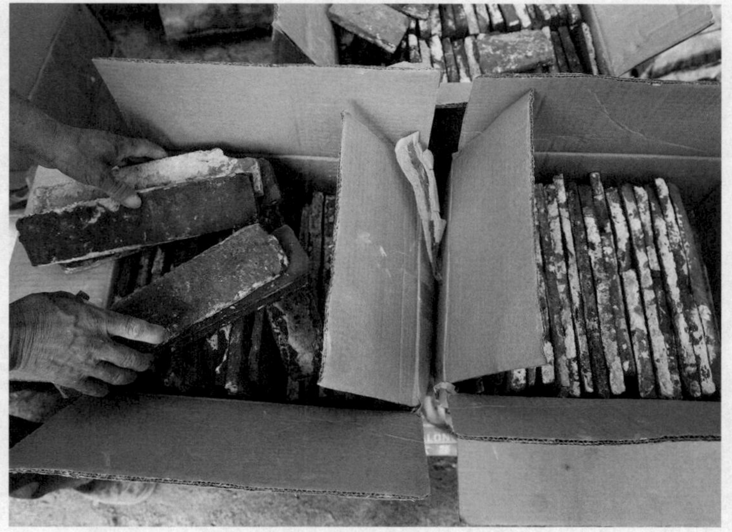

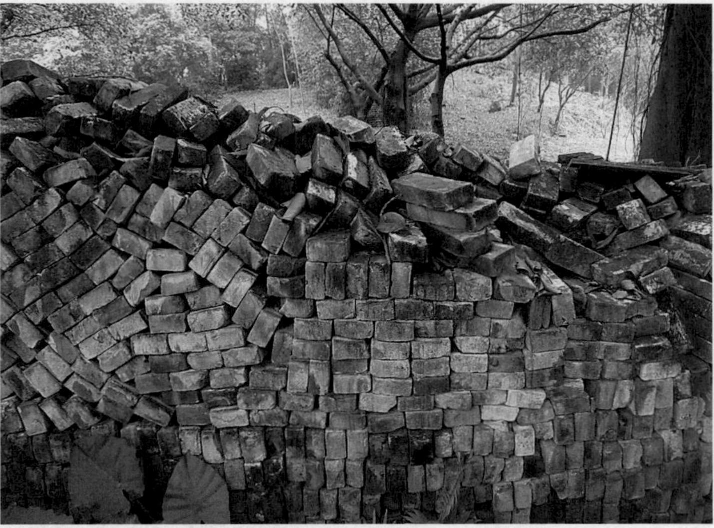

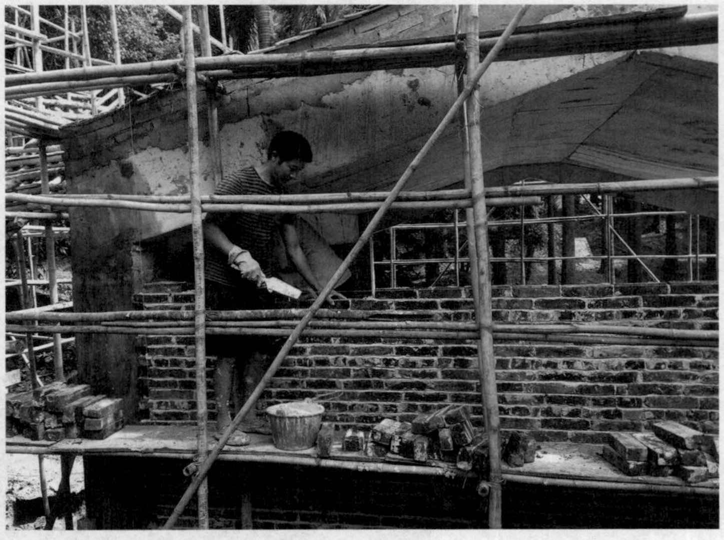

TAREK ATOUI

The exhibition "The Ground: From the Land to the Sea" that we did together in Singapore in 2018 was spurred by a medley of archival images—mostly poor-quality photos I took with my cell phone while traveling on the road. Those situations are often hard to document. *The Ground* followed *The Reverse Collection*. It emanated from a series of observations and social contexts centered on the relationship to soil and the environment and marked, to me, the first instance when human attitudes towards their surroundings inspired sonic practices, which brought me back to materiality in a different way. Take, for example, the work of ceramicist Wu Lou and how the ceramic discs arose from my travels in China, through observing people in the vicinity of Wu's workshop, at Vitamin Creative Space and their project "Mirrored Gardens," working with soil, minerals, and engaging in alternative permaculture and agricultural activities. They applied a method of agriculture where different plants and aggregates were coming together, not planted in segregated plots of land, but rather different plants growing together and helping each other. The concept of the ceramic discs was inspired by this, with the disc as a kind of topology of different minerals. The clay connecting different minerals served as a layer of support or as a foundation on which other additions could be put, like adding ceramics to clay, or bringing sand or dust to it, making these surfaces heterogeneous. These observations guided my practice, little by little.

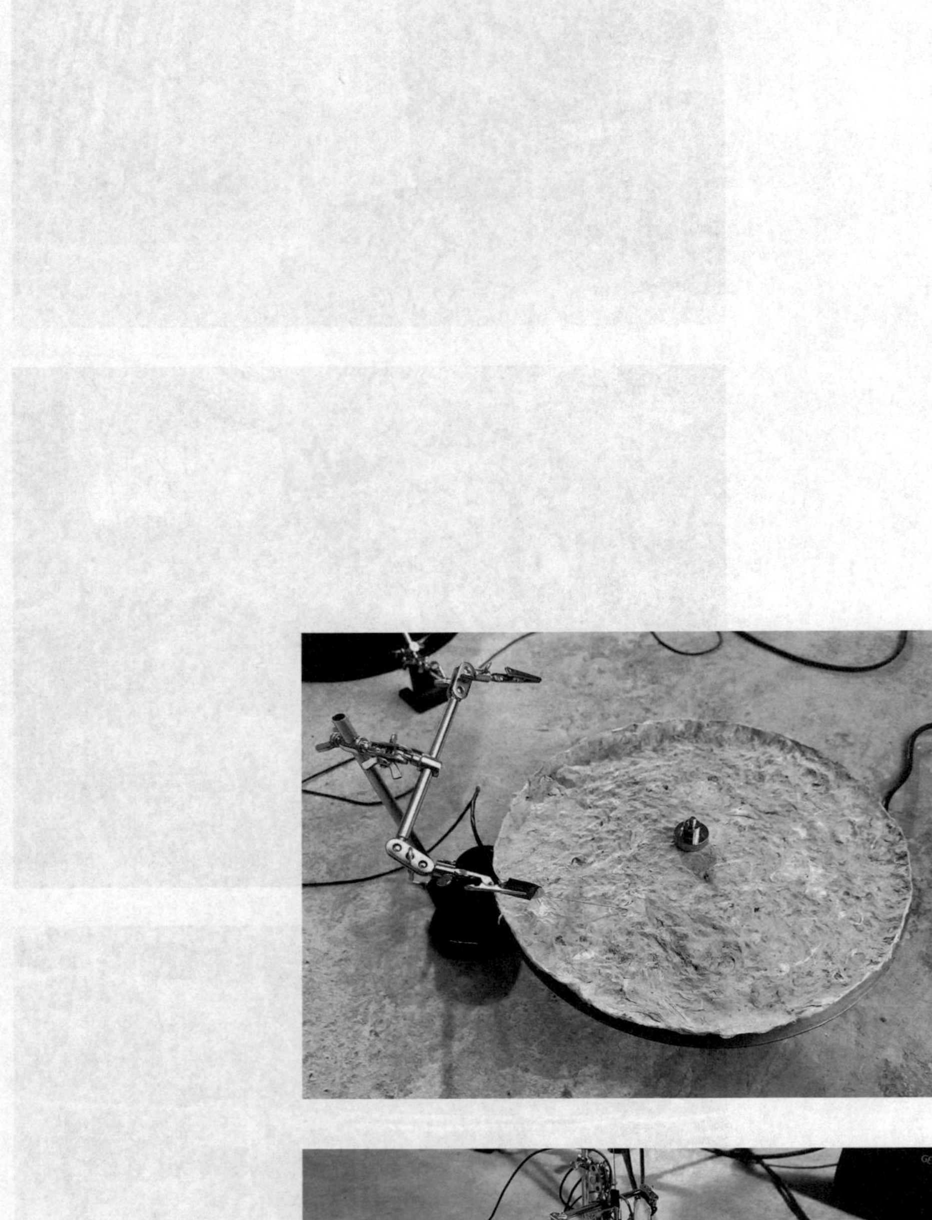

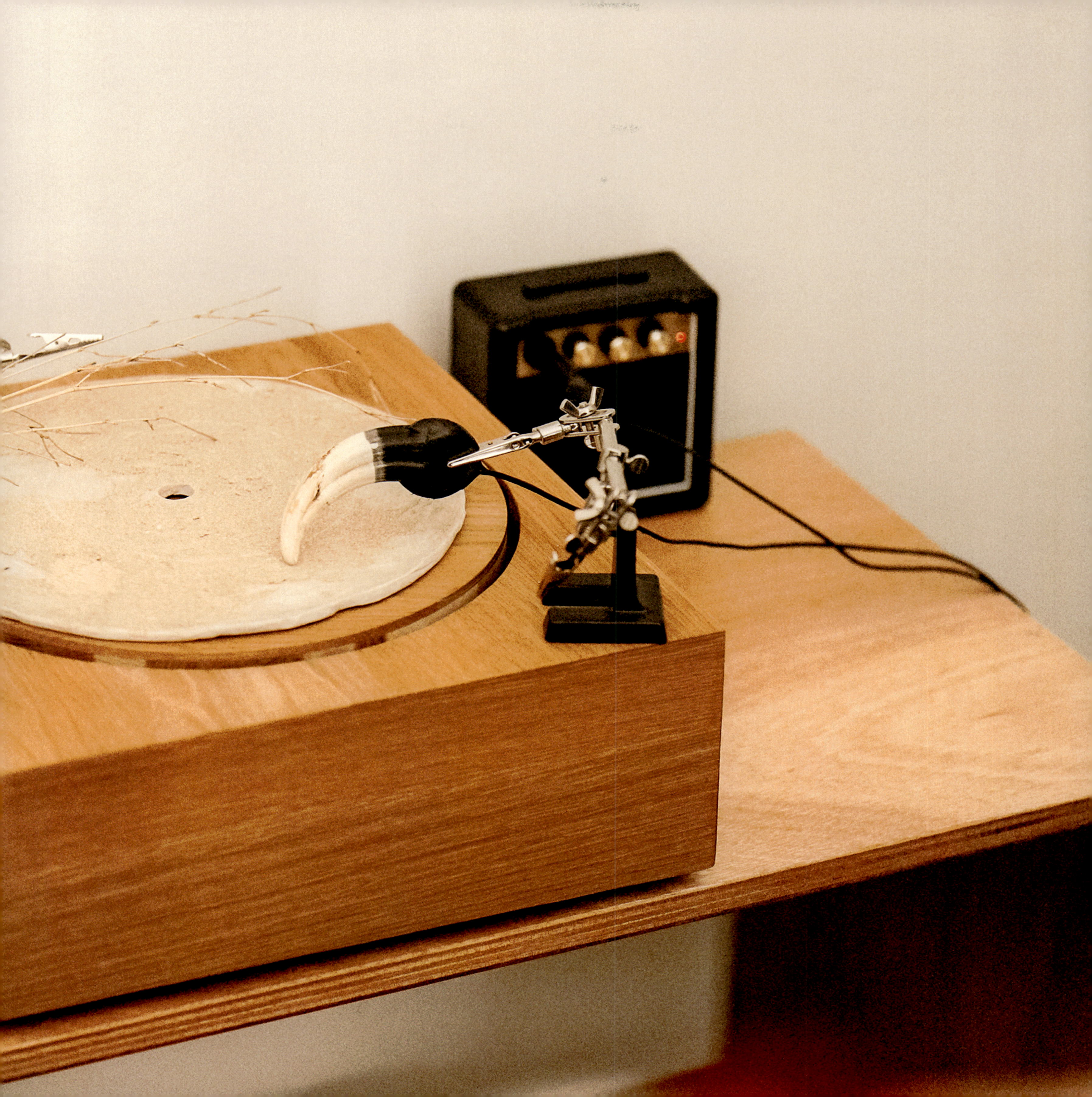

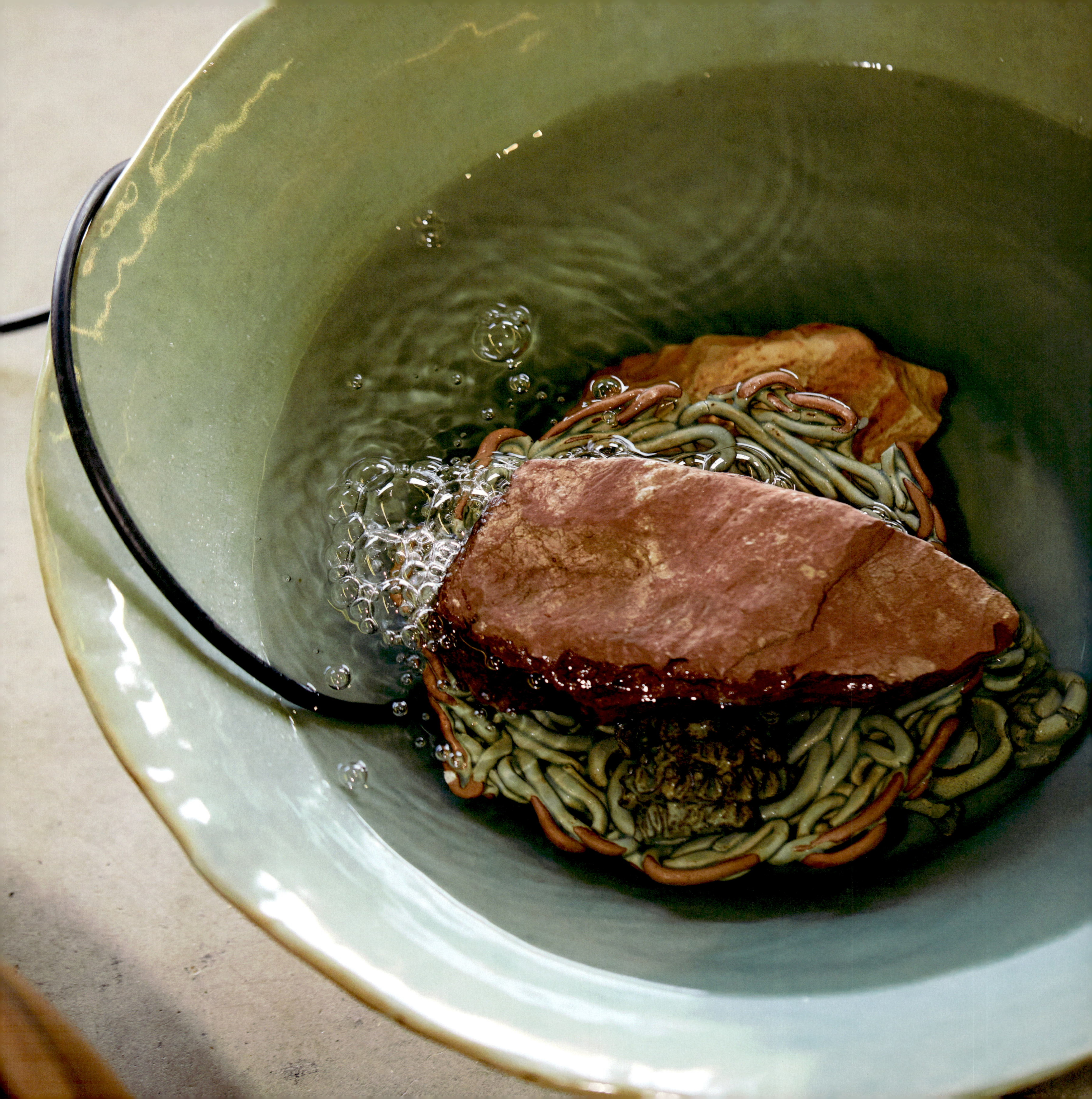

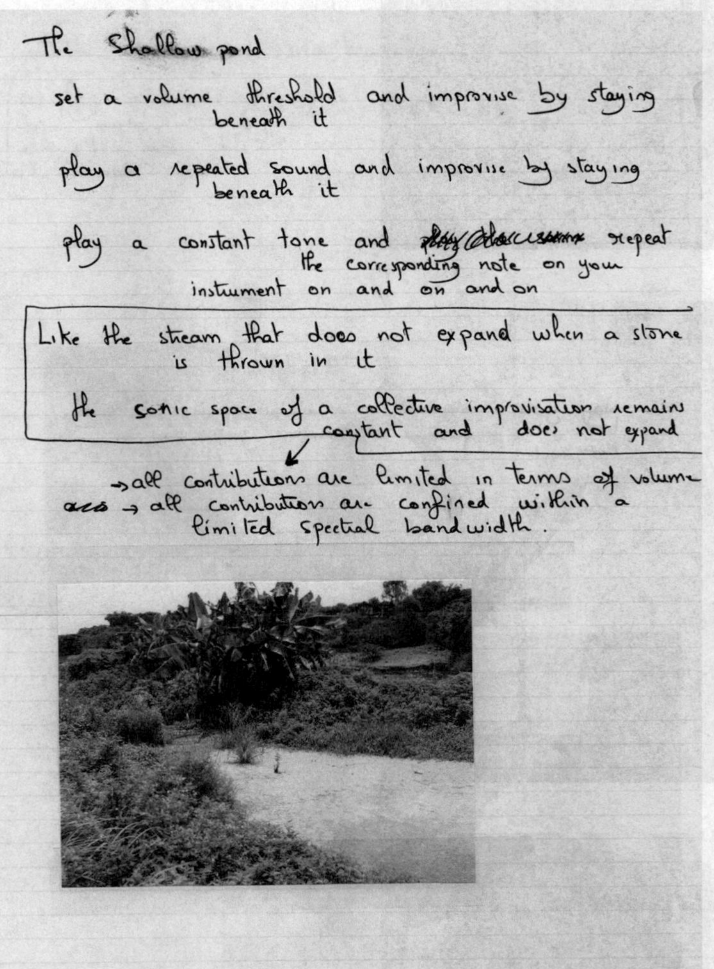
The Shallow pond
set a volume threshold and improvise by staying beneath it
play a repeated sound and improvise by staying beneath it
play a constant tone and repeat the corresponding note on your instrument on and on and on
Like the stream that does not expand when a stone is thrown in it
the sonic space of a collective improvisation remains constant and does not expand
→ all contributions are limited in terms of volume
→ all contribution are confined within a limited spectial bandwidth.

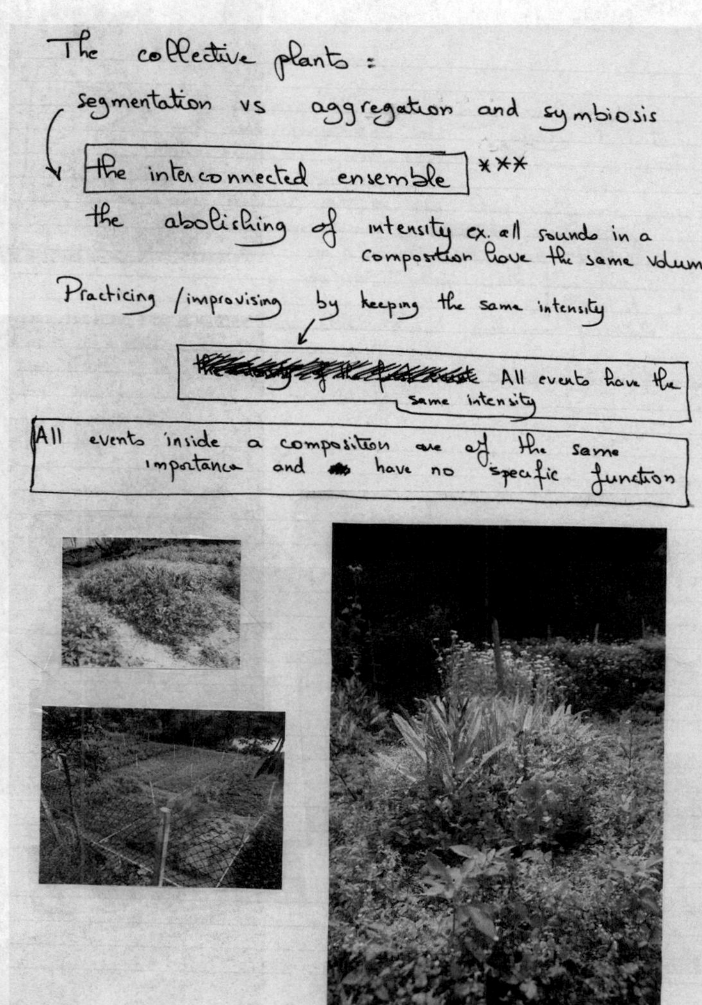
The collective plants :
segmentation vs aggregation and symbiosis
the interconnected ensemble ***
the abolishing of intensity ex. all sounds in a composition have the same volume
Practicing /improvising by keeping the same intensity
All events have the same intensity
All events inside a composition are of the same importance and have no specific function

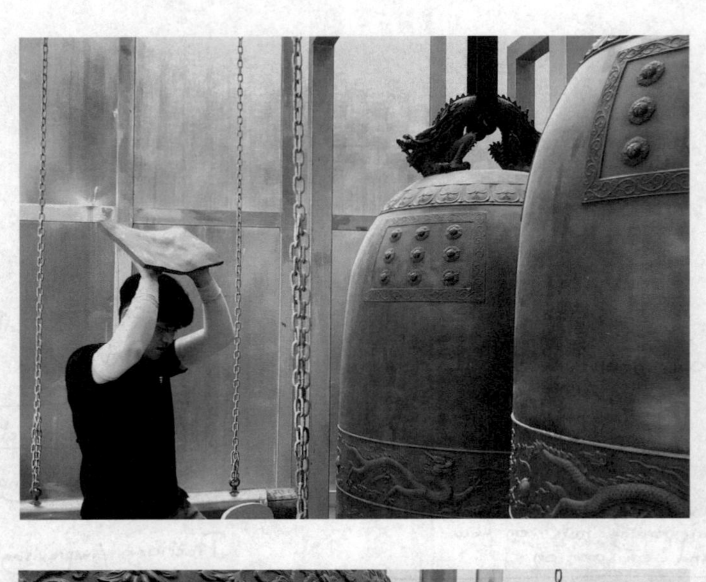

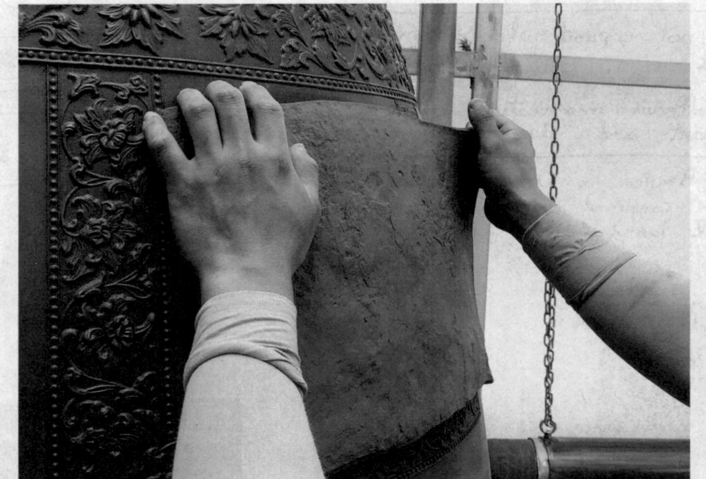

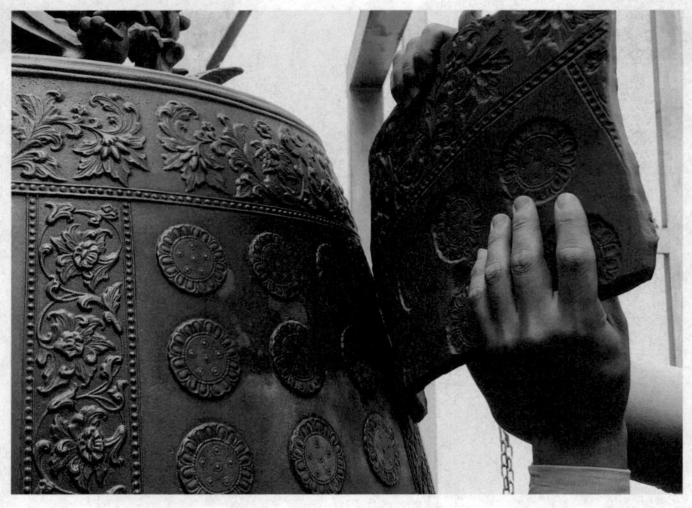

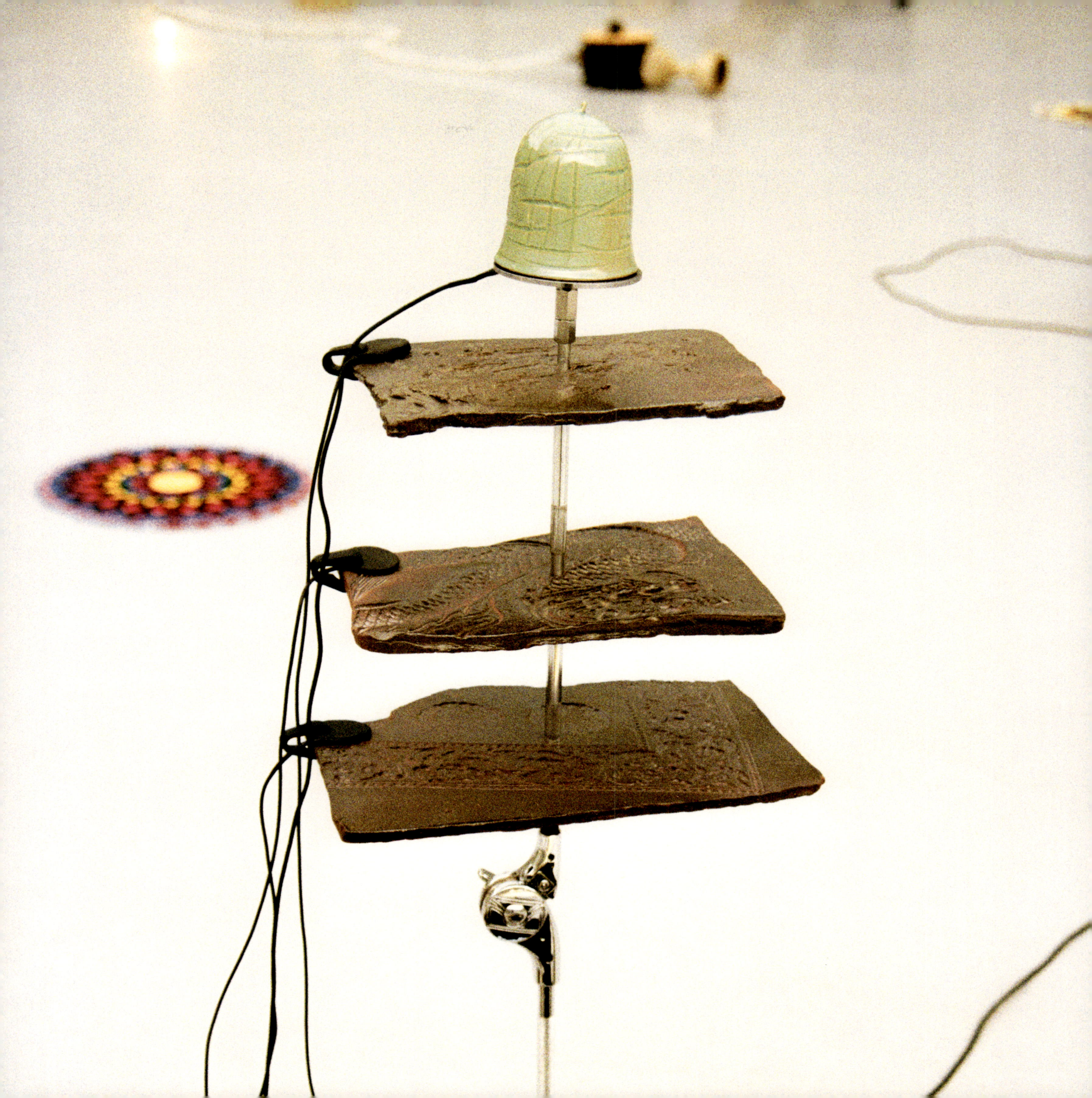

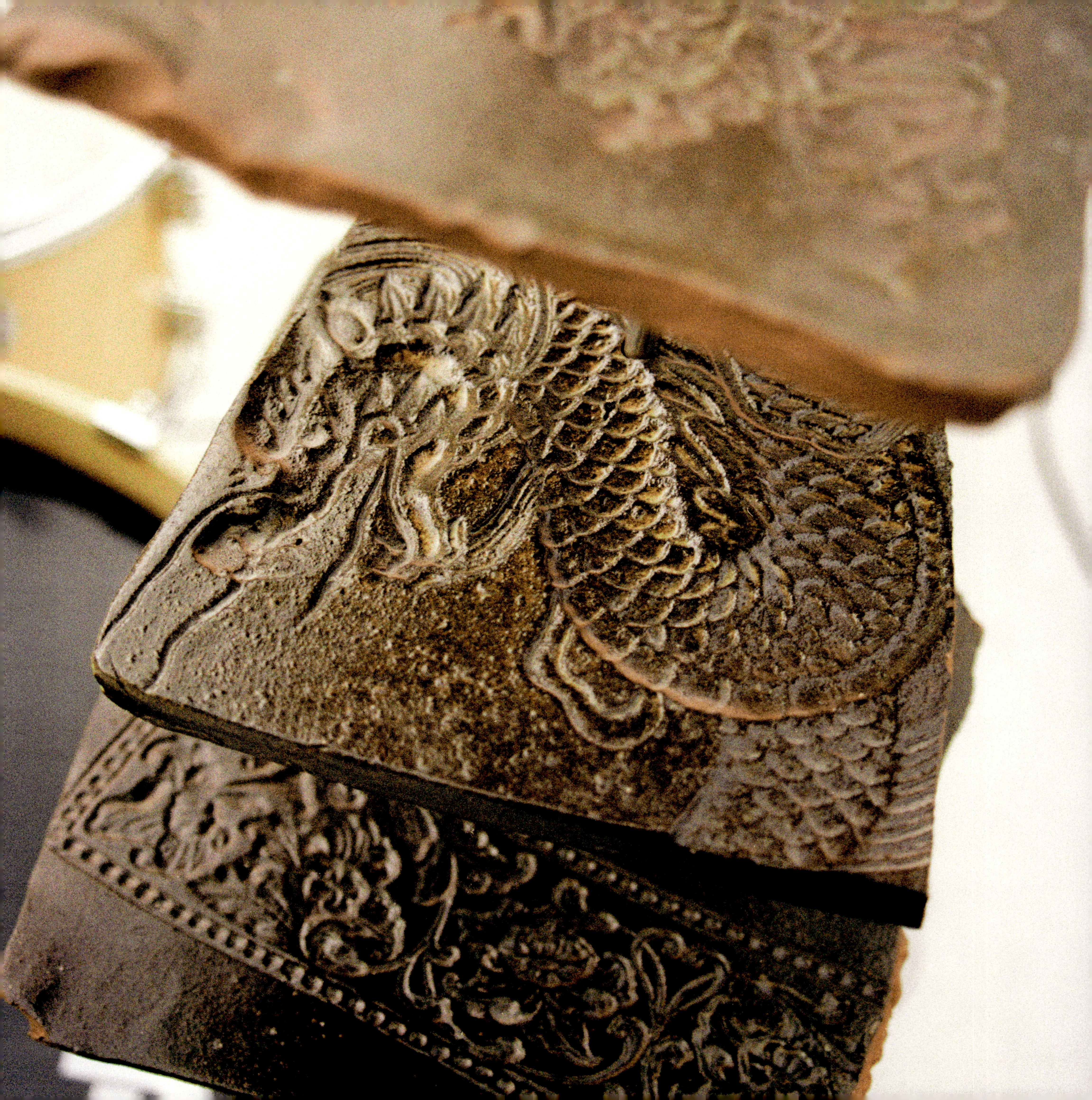

MOVING AND MOVEMENT

"The Ground: From the Land to the Sea" is a good take on this as it shares similarities with *The Ground* and *The Reverse Collection*, particularly the idea of traveling, moving, and movement. The things that catch my attention and that stay with me are human actions or activities as well as the relationship between human beings and their environment, how they work with soil, their techniques of composting and the way they create traditional bricks. Those observations pulled me away from the realm of music and sound, but also brought me back to it differently.

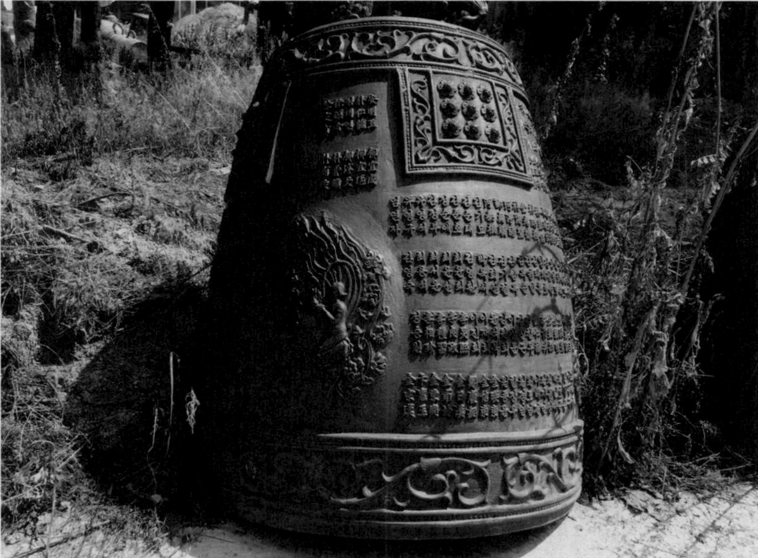

PLAYGROUND
Whispering Playground

UTE META BAUER
When you worked on *Whispering Playground* (2021), where you delved into water as a source of sound, how did you approach this with the children? They must have reacted very differently.

TAREK ATOUI
The *Whispering Playground* is unique in its exploration of materiality through the concept of play. The way children play is profound and is an expression of how they understand and approach things being in the world. It affirms their identity. You can learn a lot about an individual by observing how they play. The idea of *Whispering Playground* was precisely that: offering a space for different personalities and sensibilities, allowing them to manifest themselves through a range of materials that was open and broad. For instance, in Istanbul with *Whispering Playground*, there was not only the sound in water but also the sound of water contained in different elements and materials, such as a glass bowl, a plastic vase, a metal bucket, or a large stone trough. What you want to make of it based on how you choose to play with it. It was synthesizing a sum of learnings and understandings based on workshops with children.

UTE META BAUER
What is the sonic information of water? Does water communicate in itself? Is there communication between a material and the water that contains it? Is there a spirituality in these materials? When I tried to understand craft, like weaving and basket-making, these relationships between a human and a material naturally lend themselves to an embodied understanding. When you looked into these very old instruments, like those from the Atlas Mountains, what were you aiming at? How does it feel and sound, does it bend or break, etc.? What's the sound of a hollow object? I see those moments in your work as more of an exploration and less about presenting a final work, it's more like Fluxus.

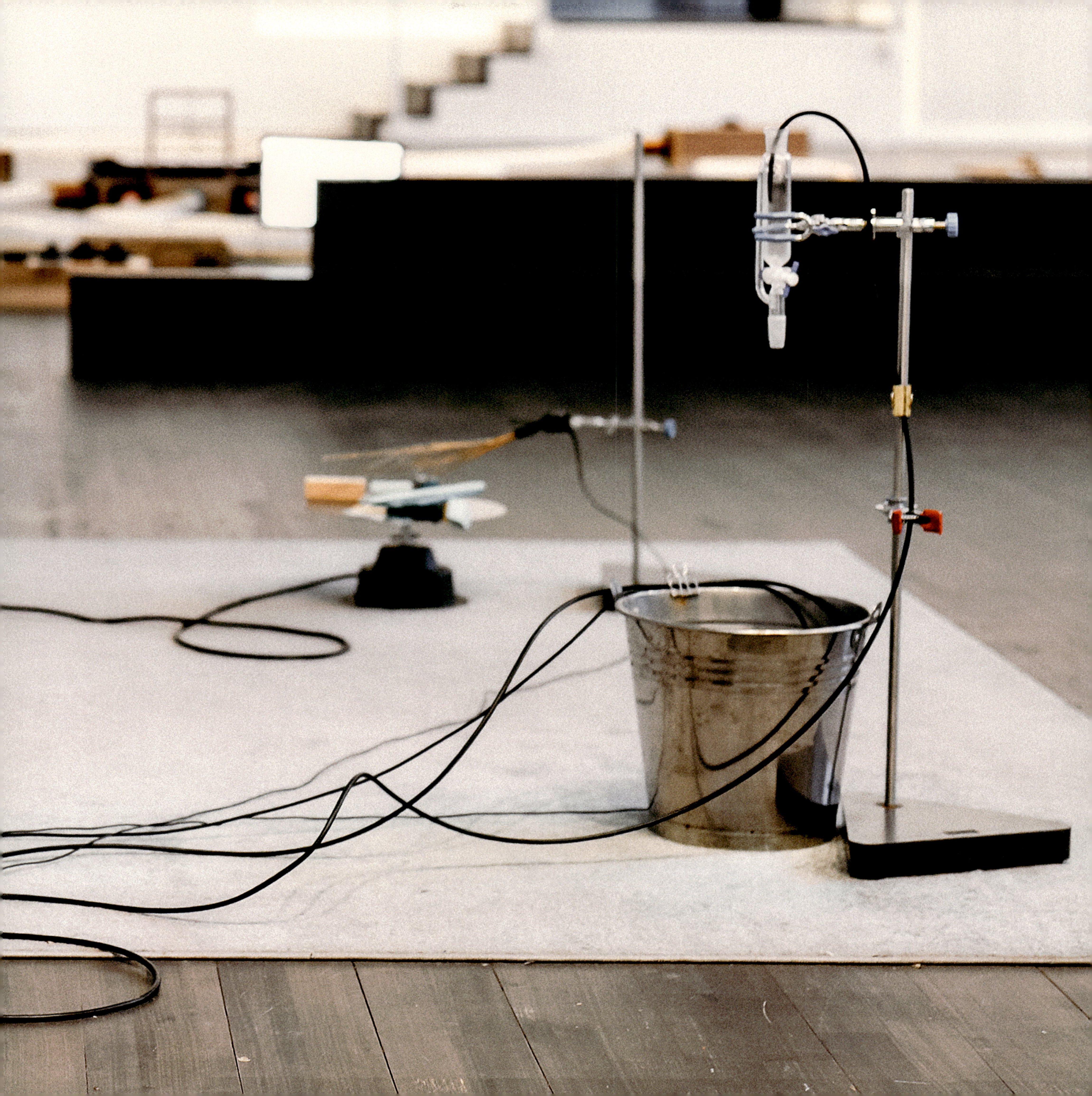

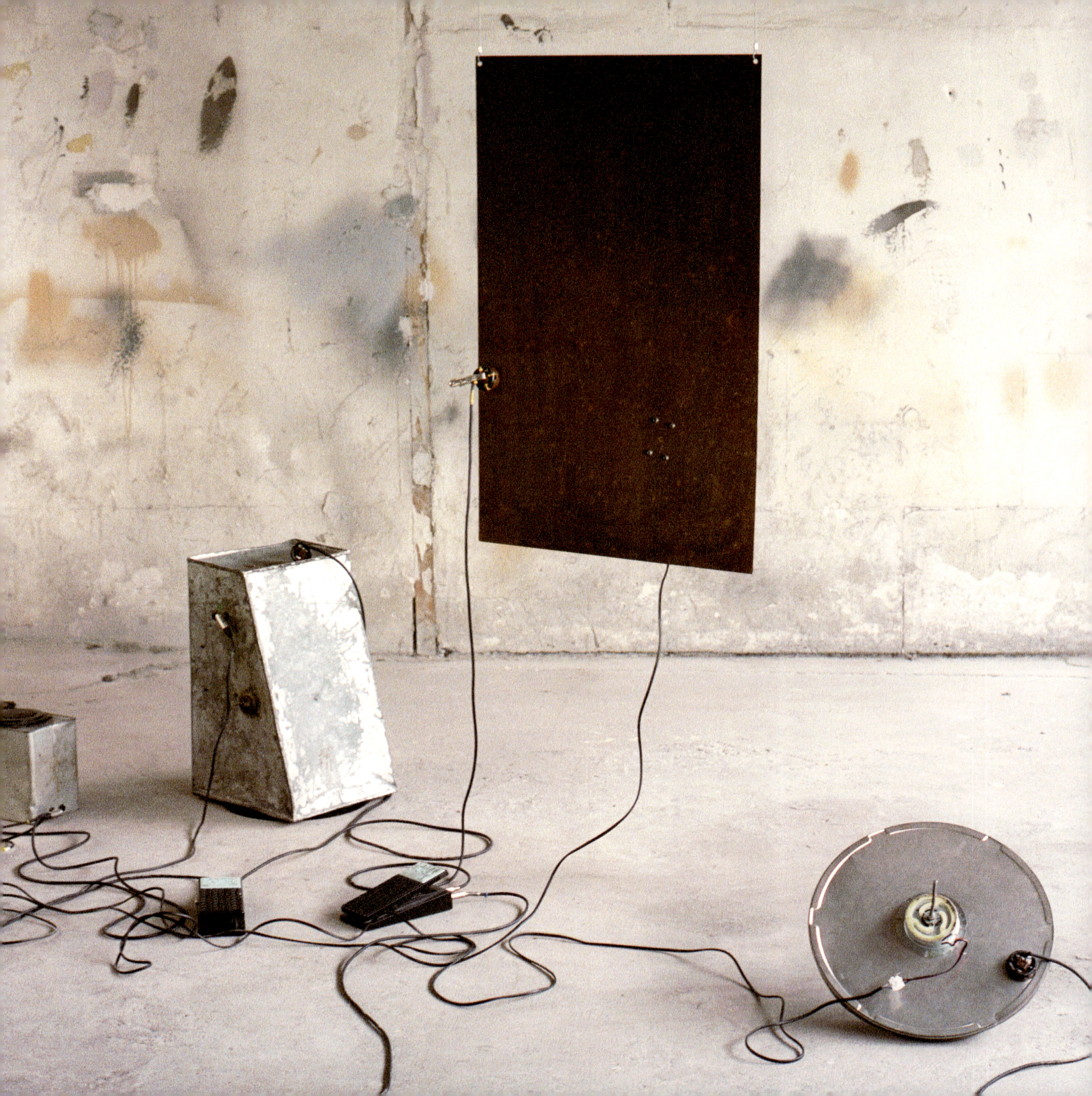

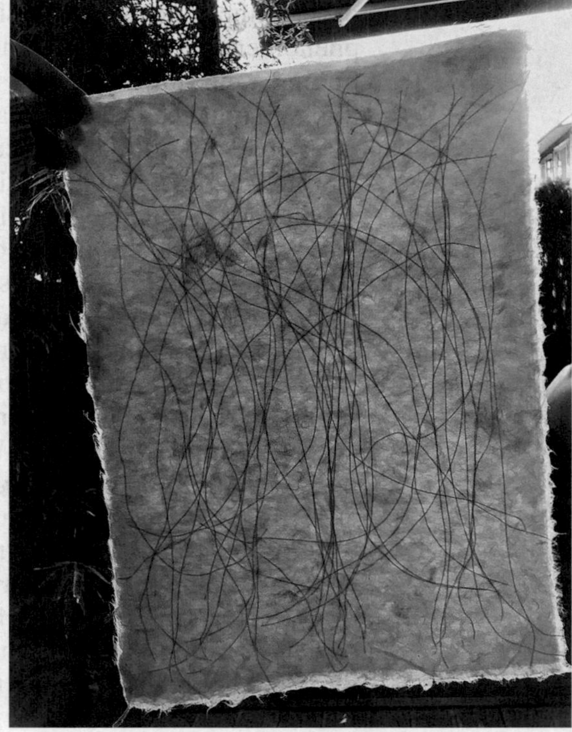

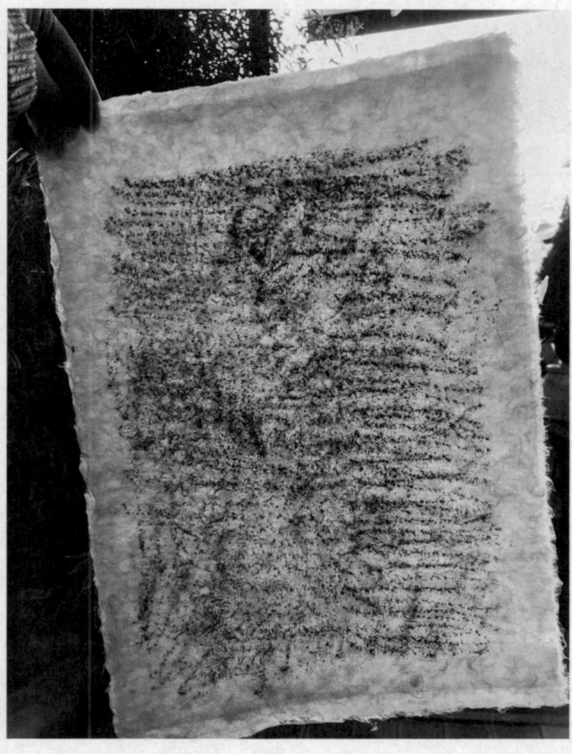

THE ACT OF LISTENING
Organ Within

UTE META BAUER
There is also the element of listening, which creates another space of interaction that is not driven by a transactional purpose. The material space related to the sonic is particularly interesting because it offers an embodied understanding of a locale.

TAREK ATOUI
Organ Within (2022) consisted of an entire organ based on sessions and workshops held at a school for the deaf. In this context, the perception of sound by the deaf was a starting point drawing on configurations of scientific concepts of physics and the phenomenology of sound, and from there finding a mechanism or idea and taking it to an audience I regarded as experts, and not as persons with a handicap. It created an innocent and equal situation in which a simple idea or tool could be introduced and discovered together, finding out what could be done with it. This is how the idea of *Organ Within* and the broader *WITHIN* project on the sound of deafness unfolded, recognizing deaf people as experts of sound. in the same way, I consider children as experts in playing in the *Whispering Playground* and *The Whisperers*. The idea of experimentation and exploration is in its most brute, cruel, and foreign sense, at times while not being socially aware or polite, by not being scared of materials or breaking or deteriorating things but just going for it and living the situation that was set up.

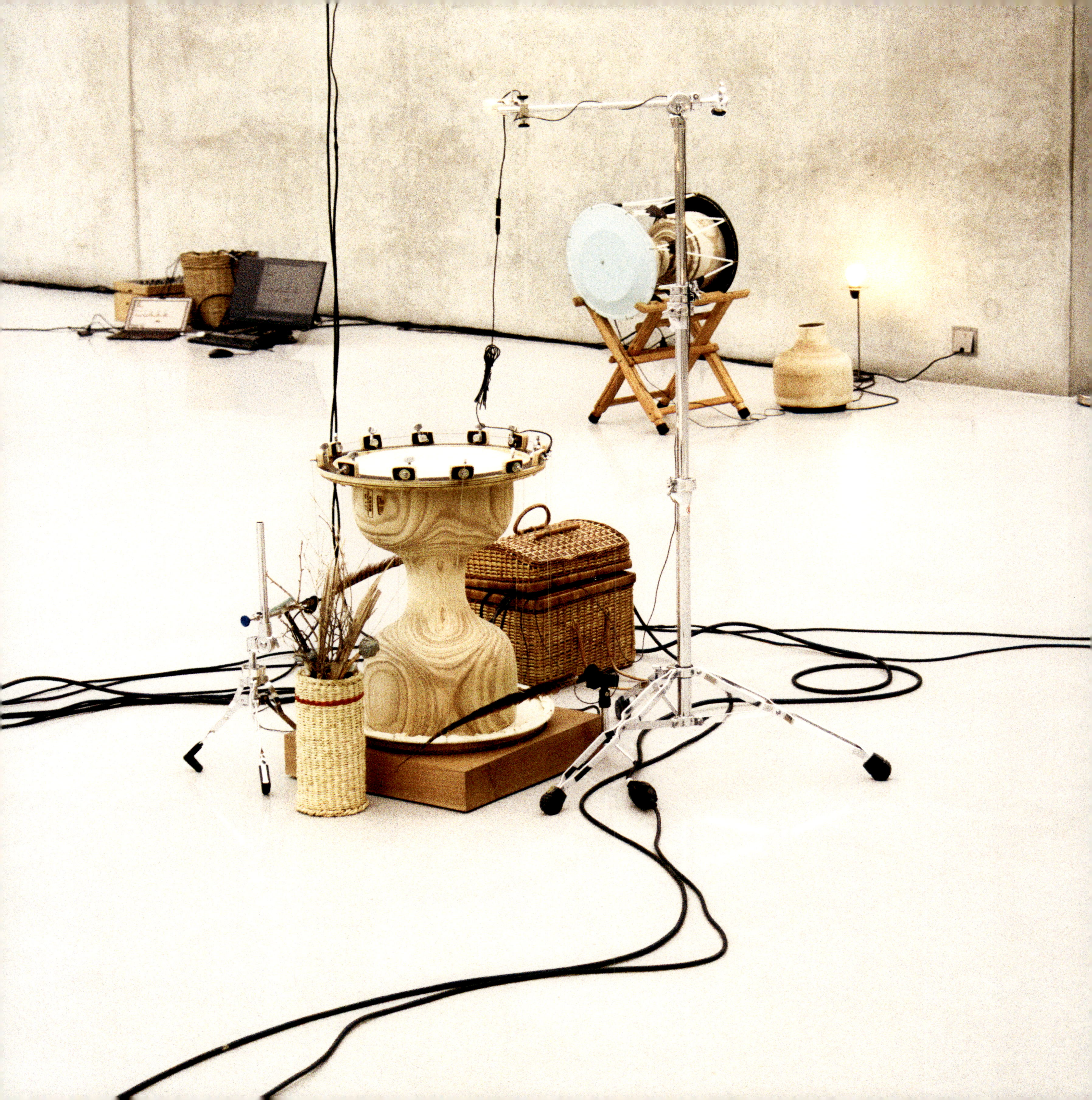

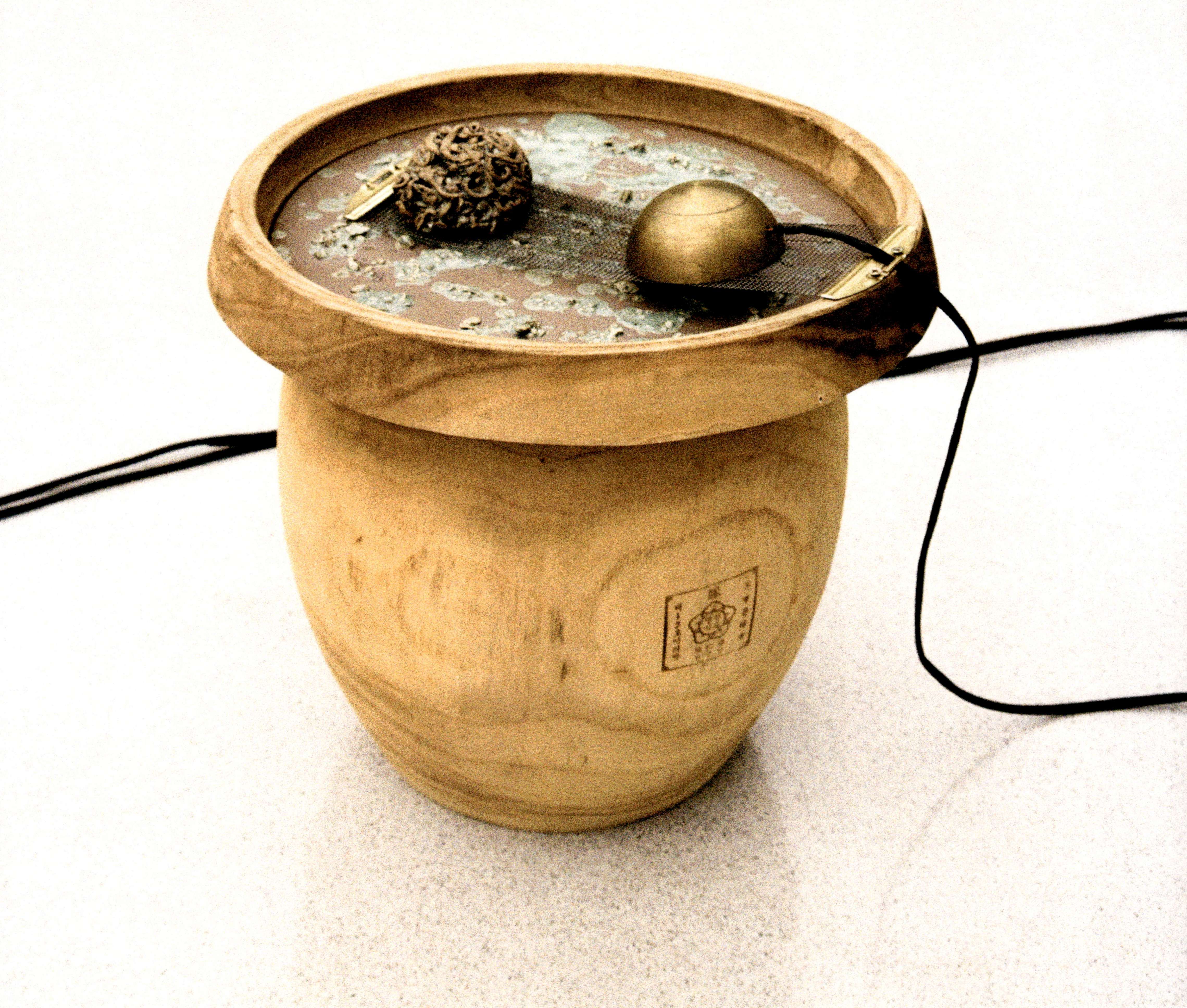

TAREK ATOUI

The Whisperers, *Organ Within*, and the proposition of *WITHIN* have to do with shapes, things finding their place, and the impetus for coexistence in shared situations. We both come from a similar background. I didn't grow up with an art education or with this "trained" sensibility to sound or to music nor to the arts. I learned all this later, in my youth. There was this understanding of the world through how things sounded, driven by my proclivity towards ideas and concepts, mathematics and science. Once I chose to work with sound, it became a vector for understanding other forms of art, material, and crafts, social contexts and dynamics, all things I've been witnessing. Sound became a way to learn the world through an affinity for a medium and that attitude shaped many of my projects. It suggests that maybe we can foster another relationship with the world by listening to its elements and finding different values in things using more than one sense. This naturally led to aspects of cooperation, invitation, situations, performances, workshops, and moments, which arose from the conviction that on my own, I will not get far. Such processes need to be shared to manifest themselves to its full potential.

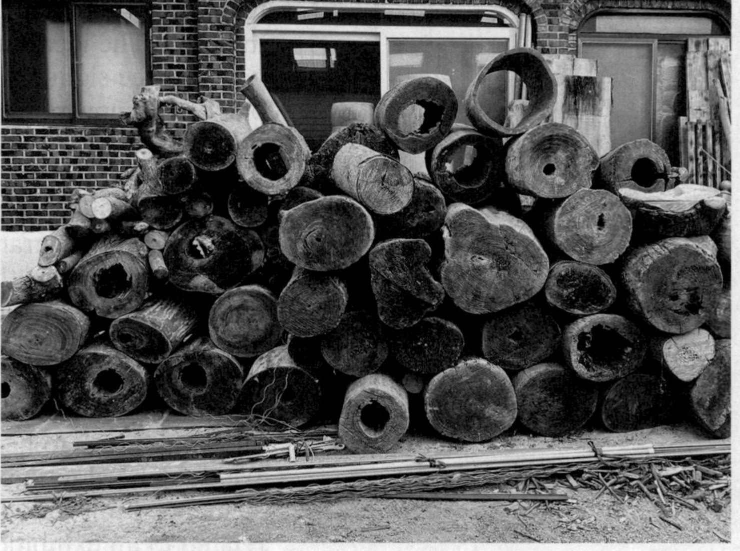

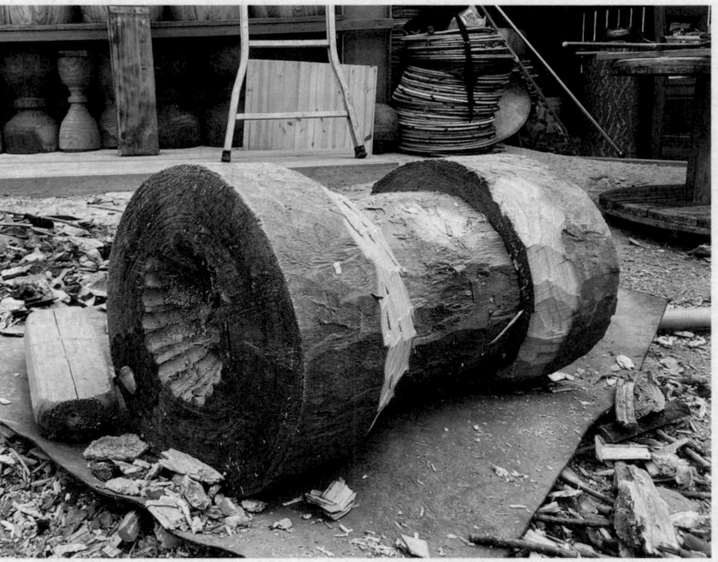

IMPROVISATION

UTE META BAUER

How can composition enter into conversation with the concept of improvisation and how much of improvisation is a form of recollection and repetition, drawing on learned repertoires of sound and gestures? What are the possibilities of escaping enculturation and histories and how do you use improvisation as a space of negotiation and exploration?

TAREK ATOUI

The exhibition at Pirelli HangarBicocca is an homage to improvisation. The title is "Improvisation in 10 Days." To date, I improvised with musicians and performers, and I understand how this works. This time around, I envisioned improvising the entire exhibition together with Pirelli HangarBicocca's curatorial and technical team, my studio team, and everyone involved. The idea is to create a mashup, where three significant works morph into one body. I now possess a deep understanding of these different projects. I've presented *The Rain* (2023–24), *Waters' Witness* (2020–23), and *Organ Within* at the KUB in Bregenz as separate bodies of work, and perhaps now is the moment to bring them together in a form that is inspired by my practice of improvisation. Now, instead of separating them, the components would interact and play along one another, allowing things to happen naturally.
We don't need to impose order or separate elements. I improvise my performances related to an exhibition, I improvise in the studio, I improvise everywhere. But when it comes to exhibitions, everything has to be set up in advance, fully planned, and sort of scripted. This time I said: let's do the opposite, let's bring in all the crates, bring everything into this big white canvas of the art space and open up things on the spot as we go. It would be very interesting to see what happens.

Improvisation implies taking a risk. Your attention and your intellect are solicited in a different way. Nowadays, there is too much weight from institutions on their staff and their capacities. What triggered this idea was this conversation with Pirelli HangarBicocca: I was telling them that if we have two or three weeks of installation, it will be tricky, we need time, it is complicated. You're going to be exhausted, my team is going to be exhausted, and we're all going to end up in a frustrating situation if we put so much pressure on ourselves, logistics-wise. Hence the idea, the approach to do this with the process of improvisation at its core, without over-planning or getting overworked, rather take pleasure in doing it, and be active and cooperate together in this situation we collectively create.

It's like putting the expectation in the right place. That's also what I did with musicians: taking them out of their comfort zone, giving them instruments they're unfamiliar with, placing them in spaces or situations like exhibitions or public outdoor spaces, or with new audiences, taking them into something that they've never encountered before. Bringing together deaf and hearing musicians. I've always done that, but what I learned from it is that you also have to create the right conditions for this to happen. If you do it in a naive way, it's going to backfire somehow, and have the opposite effect from what you intended.

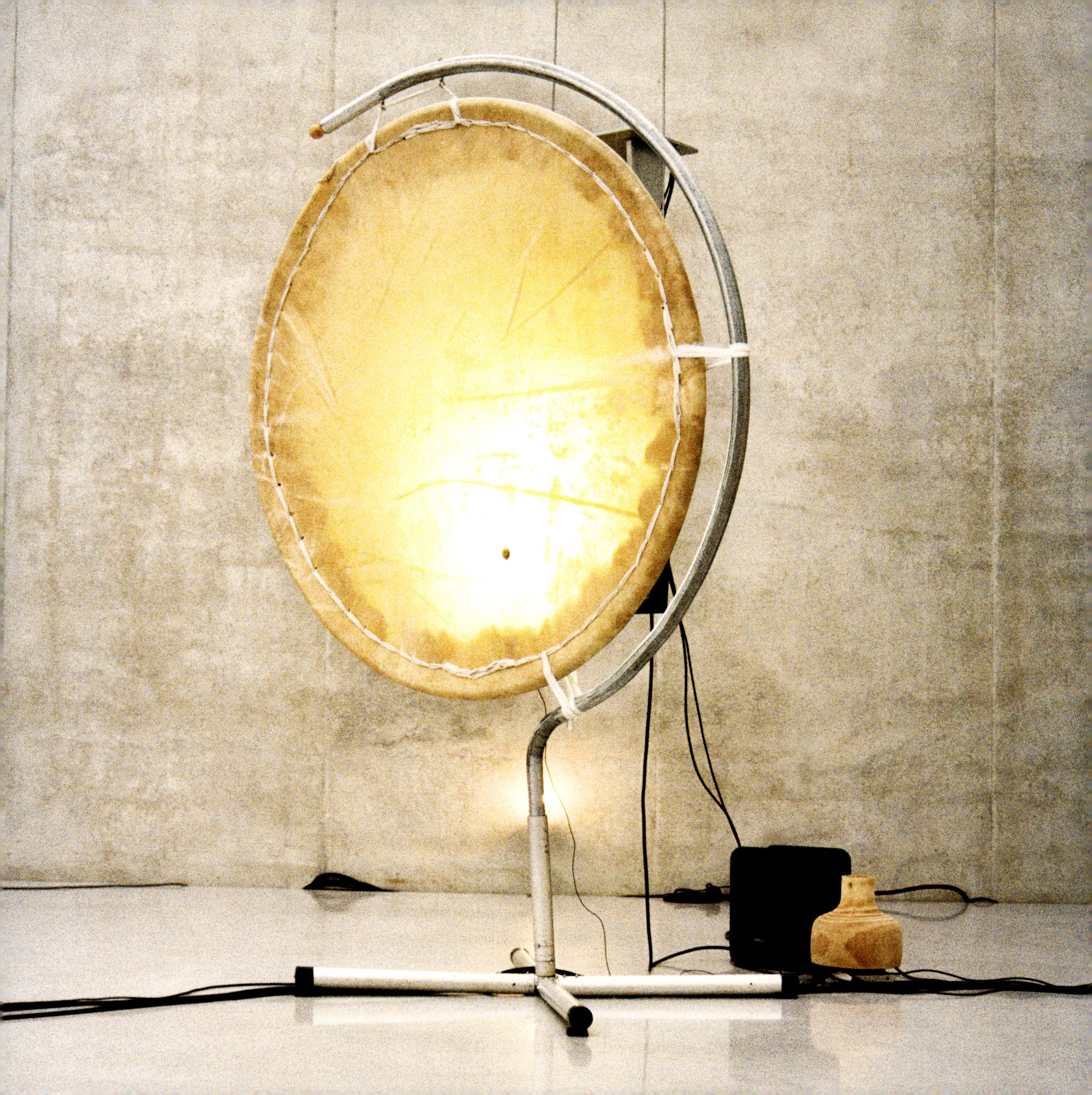

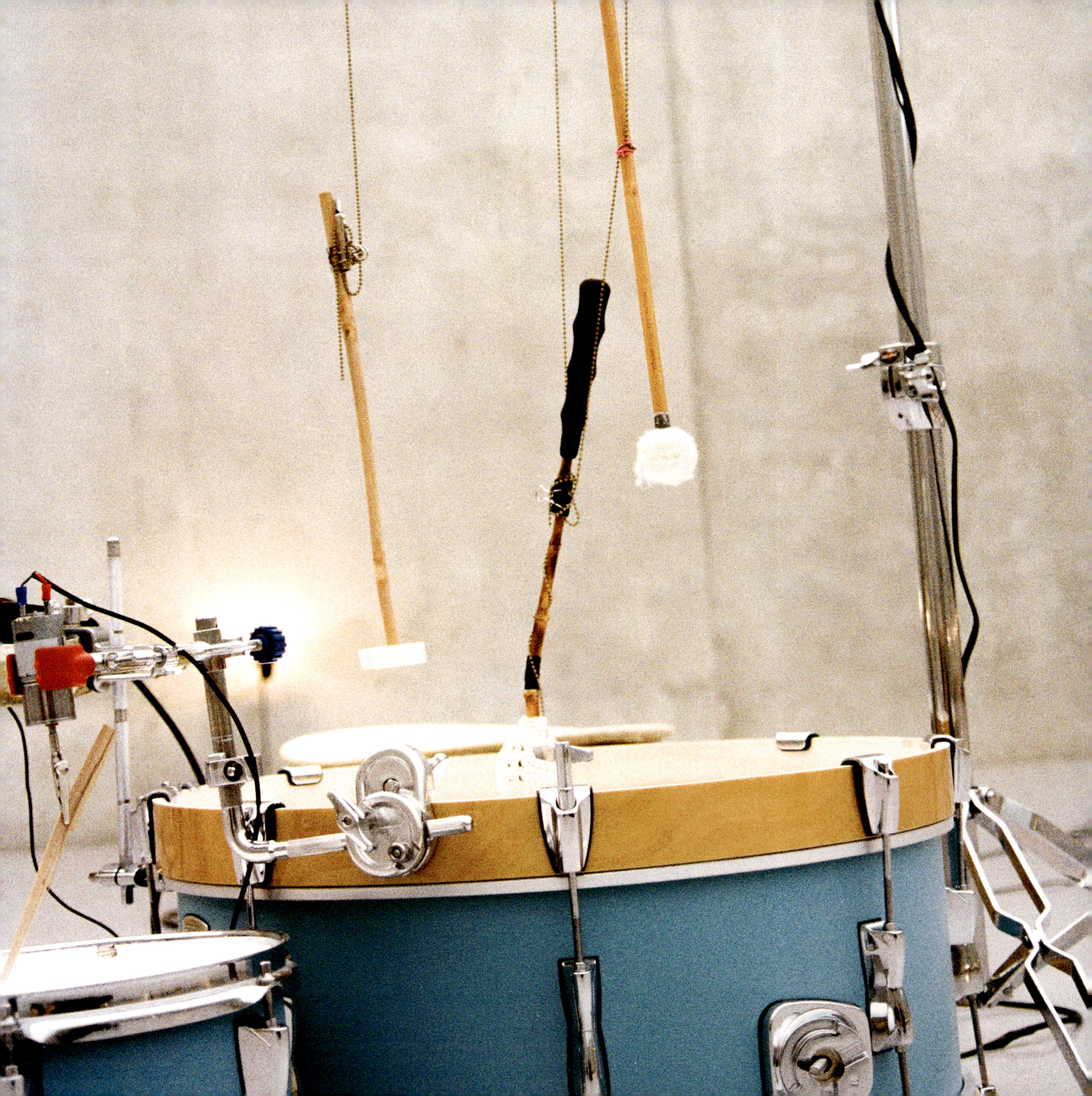

UTE META BAUER
To improvise, you certainly need to have a degree of experience. Curating is also an act of improvisation, bringing works into a conversation, otherwise a show is not vital.

TAREK ATOUI
Exactly. That's at the heart of what Pauline Oliveros did and that's at the heart of improvisation, you never can take things for granted. And sometimes improvisation doesn't work, of course.

UTE META BAUER
And to accept it and say it's okay, let's start over again.

The conversation between Tarek Atoui and Ute Meta Bauer took place in late December 2024.

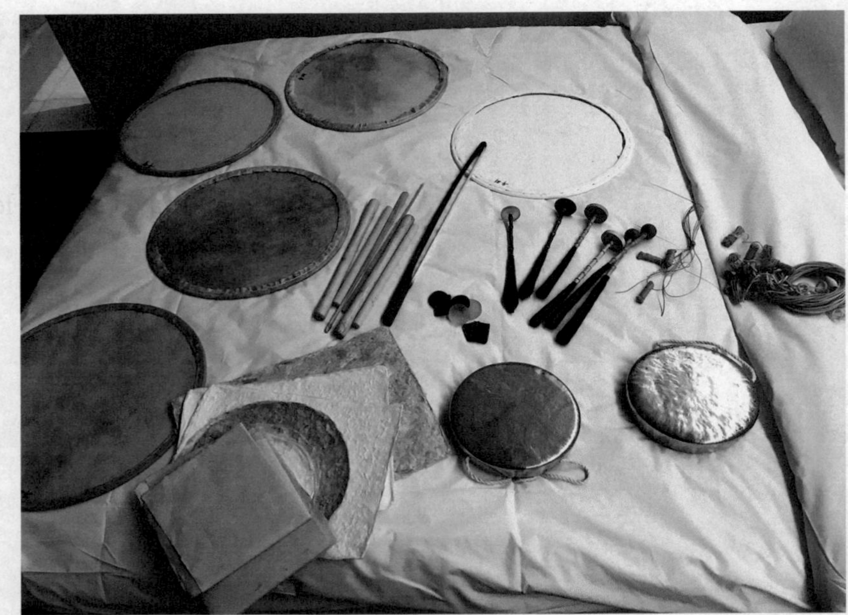

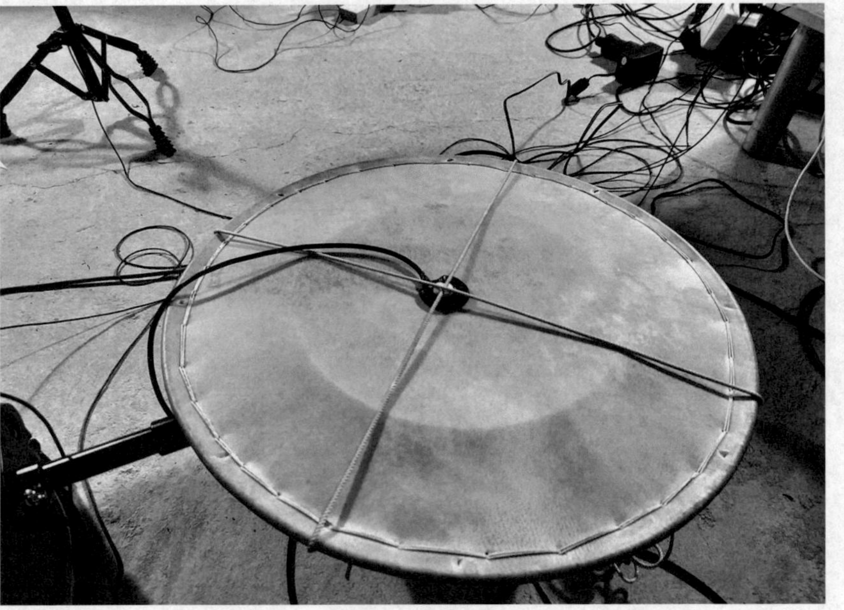

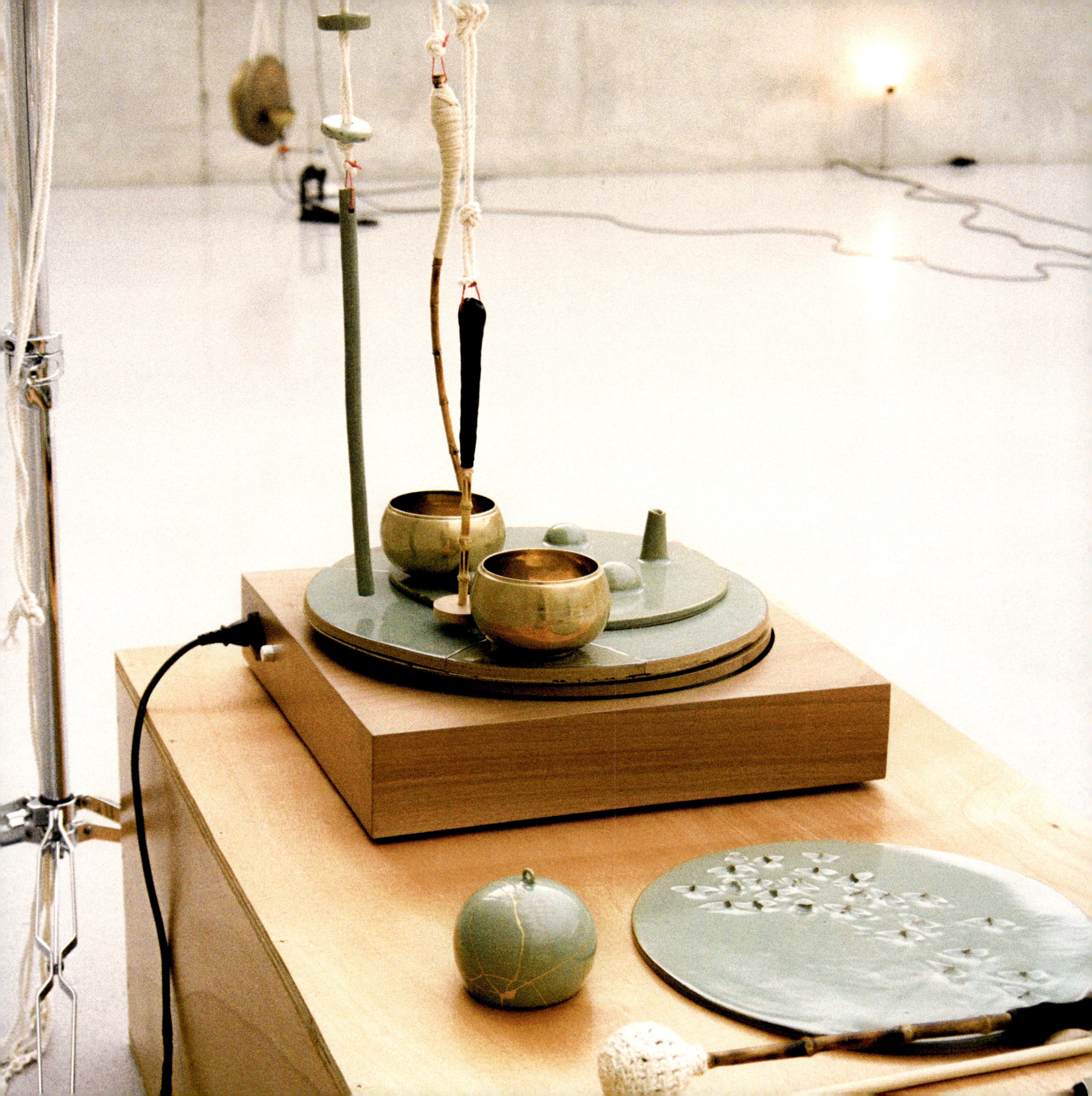

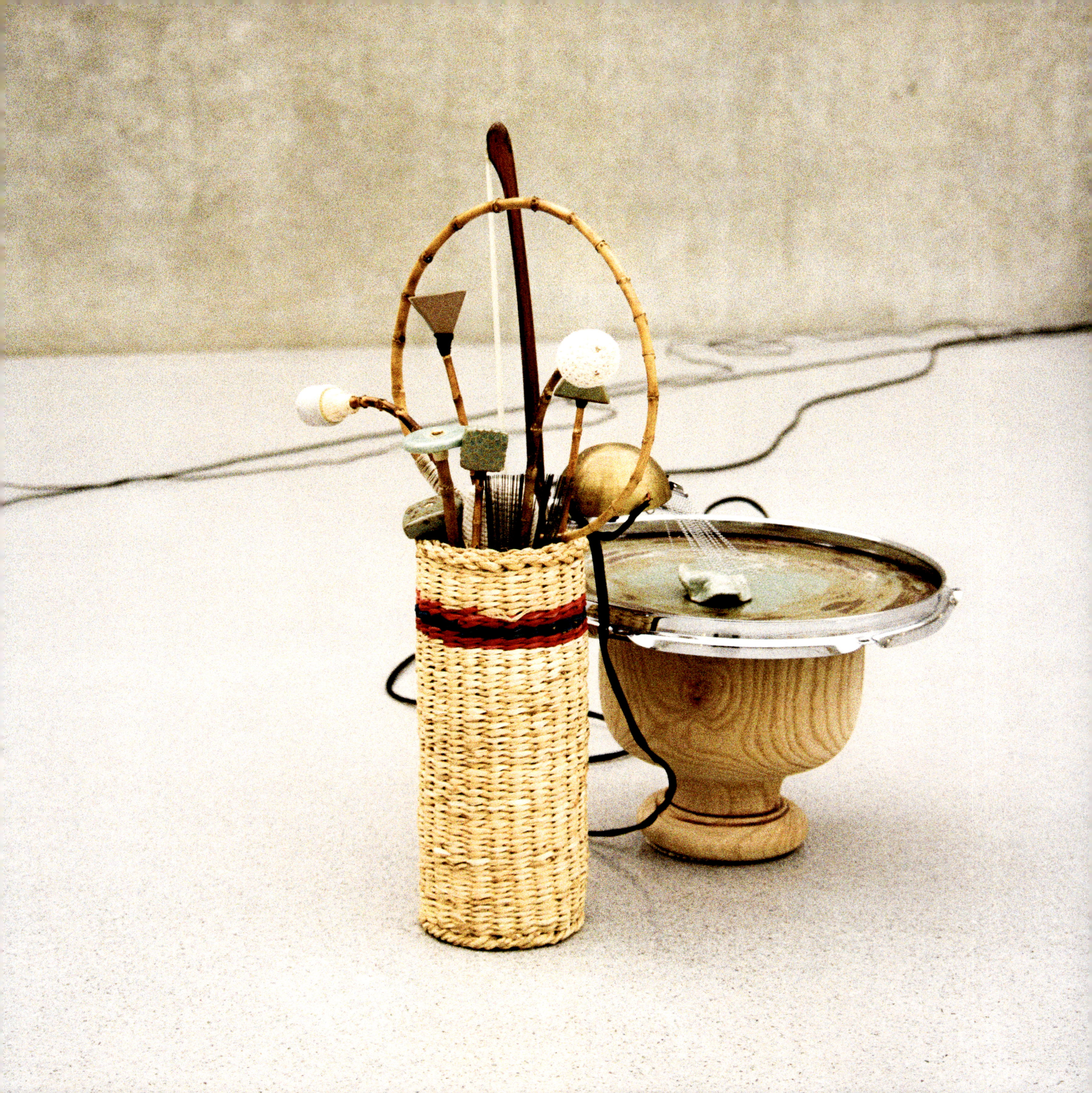

PREFAZIONE

Tarek Atoui riveste molteplici ruoli – artista, musicista ed educatore – muovendosi liberamente dall'uno all'altro in tempi e contesti diversi. Questo progetto è soprattutto un riconoscimento della sua acuta visione della composizione, che affronta attraverso il suono, la materialità, la performance e l'artigianato. Alimentate dai patrimoni musicali di diverse culture, le opere di Atoui originano da processi tecnici e meticolosi, che comprendono oggetti di uso quotidiano e strumenti realizzati con estrema perizia da svariati professionisti e collaboratori. Attraverso la sperimentazione di forme estese di ascolto e percezione, l'artista riflette su questioni politiche e sociali attuali, in particolare su quelle che riguardano la formazione dell'identità. Invitando il visitatore a una conversazione sull'interpretazione, la memoria e l'immaginazione, Atoui ha sviluppato un ricco *corpus* di lavori che favoriscono l'incontro e la cura.

Questo catalogo è frutto della collaborazione tra le nostre quattro istituzioni – Institut d'art contemporain, Villeurbanne/Rhône-Alpes, S.M.A.K. Municipal Museum of Contemporary Art, Ghent, Kunsthaus Bregenz e Pirelli HangarBicocca, Milano – che hanno ospitato le mostre di Atoui dal 2023 al 2025. È il risultato del desiderio dell'artista di intersecare le traiettorie di progetti distinti in una successione di paesaggi sensibili e sonori in evoluzione, che si estendono oltre lo spazio espositivo per coinvolgere una comunità più ampia. Nella curatela delle mostre, Nathalie Ergino in collaborazione con Sarah Caillet (IAC, 2023), Ann Hoste (S.M.A.K., 2024), Thomas D. Trummer (KUB, 2024) e Lucia Aspesi (PHB, 2025) hanno operato a stretto contatto con l'artista per concepire i progetti espositivi nelle rispettive istituzioni. Atoui ci ha ispirato a lavorare con improvvisazioni di gruppo e con strutture non gerarchiche, e pertanto desideriamo ringraziare tutti i membri dei vari dipartimenti delle nostre organizzazioni che con il loro costante impegno hanno contribuito alla realizzazione delle mostre. Siamo anche sinceramente grati ai prestatori privati e istituzionali.

I nostri ringraziamenti vanno anche ai collaboratori dello studio di Tarek Atoui, il cui entusiasmo e passione sono stati preziosi durante lo sviluppo delle esposizioni e di questo catalogo. La pubblicazione include una conversazione tra l'artista e Ute Meta Bauer che tocca gli aspetti generativi della pratica di Atoui. Progettato da Goda Budvytytė, è stato realizzato con l'indispensabile assistenza di Teodora di Robilant. Insieme al volume abbiamo coprodotto un set di tre vinili che raccoglie le registrazioni di diversi musicisti internazionali che eseguono assolo sugli strumenti di Atoui in contesti diversi. Il set di LP "Tarek Atoui: MONO LOGS" non sarebbe stato possibile senza il coordinamento dedicato di Dimona Stöckle e i generosi contributi di Tarek Atoui, Jad Atoui, Nicolas Becker, Laure Boer, Gobi Drab, Diego Espinosa, Juan Garcia, Susanna Gartmayer, Mazen Kerbaj, Léo Maurel, Juanjosé Rivas, Dafne Vicente-Sandoval, Fernando Vigueras, Darío Bernal Villegas, Boris Shershenkov e DJ Sniff.

Nathalie Ergino, ex direttrice,
Institut d'art contemporain, Villeurbanne/Rhône-Alpes

Philippe Van Cauteren, direttore artistico,
S.M.A.K. Municipal Museum of Contemporary Art, Ghent

Thomas D. Trummer, direttore,
Kunsthaus Bregenz

Vicente Todolí, direttore artistico,
Pirelli HangarBicocca, Milano

INTRODUZIONE

"Improvisation in 10 Days" è la prima mostra personale di Tarek Atoui in Italia, ospitata negli spazi di Pirelli HangarBicocca, e si colloca in un percorso che, dalla fine del 2023, ha visto l'artista esporre in prestigiose istituzioni internazionali come Kunsthaus Bregenz, S.M.A.K. Municipal Museum of Contemporary Art, Ghent e Institut d'art contemporain, Villeurbanne/Rhône-Alpes. Artista e compositore elettroacustico, Atoui indaga le modalità con cui elementi naturali, combinati con dispositivi elettronici, assorbono il suono e lo restituiscono con sfumature inattese. Coinvolgendo il pubblico in un'immersione sensoriale e cognitiva, le sue opere e performance intrecciano dimensioni visive e acustiche capaci di generare un'esperienza inedita che riporta alla luce suoni custoditi nella memoria collettiva. La sua pratica si distingue per un approccio scientifico e collaborativo, che vede la partecipazione di artigiani e musicisti, offrendo una visione innovativa e ampliata dei confini dell'arte. Nel suo lavoro l'accessibilità è centrale e si riflette nella dimensione educativa, con percorsi inclusivi curati dall'artista e dedicati alla comunità sorda. Presentati in Pirelli HangarBicocca, questi progetti potenziano le iniziative dell'istituzione volte a rendere l'arte accessibile a un pubblico sempre più vasto e rafforzare il legame con le diverse comunità.

Attraverso una sequenza di immagini che si sviluppano come una narrazione visiva, questa pubblicazione ripercorre le mostre realizzate negli spazi di Pirelli HangarBicocca, Kunsthaus Bregenz, S.M.A.K. Municipal Museum of Contemporary Art, Ghent e Institut d'art contemporain, Villeurbanne/Rhône-Alpes. Frutto di un progetto collaborativo tra queste istituzioni, il catalogo crea un filo conduttore tra le diverse esposizioni e il *corpus* di opere in continua evoluzione. Con la stessa modalità è stato inoltre realizzato un set di vinili concepiti da Atoui, ampliando ulteriormente il dialogo tra le realtà coinvolte. Pirelli è orgogliosa di sostenere questa iniziativa e di contribuire a una sinergia tra istituzioni che, attraverso questo volume, raccontano un'arte capace di sfidare l'immaginario e aprire nuovi orizzonti di conoscenza e sensibilità, sostenendo al contempo la ricerca e la sperimentazione.

Marco Tronchetti Provera, presidente,
Pirelli HangarBicocca

TAREK ATOUI IN CONVERSAZIONE CON UTE META BAUER

IL PORTO SICURO DEL SUONO

Rifletto sui modi migliori per esprimere la pratica di Tarek Atoui e ragionare sulle sue presentazioni sonore attraverso i progetti ai quali abbiamo collaborato (Atoui come artista/coordinatore e io come curatrice) per seguire la tradizione dell'"improvvisazione", con la figura di "chiamata e risposta" tipica del jazz. Mi concentro sul tentativo persistente di Tarek Atoui di svelare le potenzialità del suono e di reimmaginare il suo significato materiale e spaziale, la sua pratica è un atto di trasmutazione. Rifletto sulla sua devozione all'improvvisazione, che emerge come un impegno incessantemente relazionale e profondamente intimo: (dis)imparare insieme vecchi schemi e repertori alla ricerca di nuovi suoni, in una sorta di conversazione.

ATMOSFERE AMBIENTALI

Come prende forma il sonoro concepito da Atoui? La sua pratica e le sue idee acustiche sono una sorta di sintesi di osservazioni-registrazioni-sul-campo, catturate nel corso di anni trascorsi in viaggio, e migliorate attraverso l'applicazione di tecniche elettroacustiche.

SINTASSI

Il lavoro di Tarek Atoui risuona come una lingua, con i suoi diversi registri, le complessità sintattiche e le espressioni modulari, le sue idiosincrasie uniche e spesso in tensione con i concetti occidentali classici di suono e musica. Le frasi, quindi, come soliloqui, come enunciazione di pensieri, sono perseguite attraverso passaggi successivi che illuminano il lavoro incrementale di Atoui, una pratica che si rigenera in spazi e contesti localizzati. Queste frasi associate, a loro volta, si espandono, si distendono attraverso una serie di picchi e avvallamenti, resistono alla calcificazione.

UNDRUM— IMPROVVISAZIONE CONTRO COMPOSIZIONE

L'atto dell'improvvisazione sospende due pensieri altrimenti contraddittori e li tiene in tensione l'uno con l'altro: si tratta di sperimentare nuovi suoni relazionali, ma non si può sfuggire ai repertori appresi del passato. A ogni esecuzione il suono si nutre dell'energia presente nello spazio, dell'attenzione degli ascoltatori, del flusso tra il suo "produttore" e il suo "ricevitore". Dove interviene la composizione nel concetto di improvvisazione? Qual è il significato della composizione durante l'atto dell'improvvisazione? Quanto quest'ultima è una forma di ricordo e ripetizione, che fa appello a repertori conosciuti di suoni e gesti; quali sono le possibilità di sfuggire all'inculturazione e alla storia, se questa è un mezzo per narrare il passato attraverso il filtro del momento presente?

Waters' Witness

Far dialogare tra loro due storie tangibili. L'inquadramento estetico del suono deriva anche dai gesti performativi, quasi ancestrali e sciamanici dei suoi movimenti: i gesti delle mani che, interagendo con le onde elettromagnetiche nell'aria, sviluppano dall'interno una sorta di sequenza energetica, in cui si possono sentire e percepire i suoni senza doverli necessariamente ascoltare con le orecchie.

IL SUONO COME PERCEZIONE, IL SUONO COME GUARIGIONE

WITHIN presentato alla Bergen Assembly nel 2016 svincola il suono dall'ascolto, andando oltre la percezione uditiva per inquadrarlo come un'incarnazione, un'attività che riecheggia in tutto il corpo. L'idea è di essere attenti ad altre facoltà sensoriali, il che dischiude altre modalità di comunicazione. Diamo la priorità alla vista come senso più importante, ma la cosa ironica dei corpi biologici è che per non vedere possono chiudere gli occhi, con l'udito invece è diverso. Non sentiamo solo con le orecchie, ma anche con il corpo.

TAREK ATOUI

Le tecniche di guarigione per mezzo del suono, per me, sono spesso legate alla cultura e non sono necessariamente globali o transnazionali. Tutti i suoni sono curativi, così come lo sono tutte le immagini. Non c'è nulla di sistemico o scientifico in questo, perché si tratta di una questione molto soggettiva. Quando il razionale prende il sopravvento, anche questa percezione della guarigione si trasforma. Prendiamo, ad esempio, chi ama la noise music o l'heavy metal duro. La musica metal per molti risulta disturbante e non curativa, ma per coloro che la amano è davvero terapeutica. Più ci evolviamo, più cresciamo e più diventiamo razionali, più queste interrelazioni diventano intricate e difficili da smontare o smantellare; diventano parte del nostro subconscio, della sfera psicosomatica. Non si tratta tanto di disimparare per imparare di nuovo. A volte lo è, ma in molti momenti si tratta di dire: «Partiamo dal luogo in cui ci troviamo». Non sto chiedendo di dimenticare tutto quello che abbiamo appreso o le cose che abbiamo vissuto e la nostra esperienza di vita. Al contrario, questa è la base. Il terreno di partenza si trova nel luogo in cui siamo ora, nel momento presente, in questa situazione attuale, e noi ci costruiamo attorno.

Se parliamo del *deep listening* di Pauline Oliveros, della guarigione con il suono e delle sue tecniche, possiamo fare riferimento ad esempio a *The Whisperers* (2021) o a *WITHIN*. Direi che suonare qui è fondamentale, perché è una sorta di apprendimento dell'ascolto attraverso la pratica musicale, che non deve essere frainteso con l'apprendimento dell'ascolto per poter suonare. Se prendiamo Oliveros, gli esercizi di *deep listening* hanno aperto o preparato il terreno per le sessioni di improvvisazione tra musicisti. Con *The Whisperers*, l'idea era opposta. Nei workshop e nei metodi pedagogici che ho sviluppato, l'idea era di incoraggiarci a fare il contrario. Iniziamo a suonare. E da questo, si passa alla manipolazione degli oggetti, e da lì alla produzione del suono, e attraverso l'attività collettiva impariamo ad ascoltare. È l'opposto. È come passare da una situazione caotica a una messa a punto e a un perfezionamento progressivo, in cui la sensibilità di ciascuno viene riconosciuta. Ognuno gestisce il proprio confronto e la propria affermazione.

IL PROLUNGAMENTO DEL TEMPO

UTE META BAUER

Mi chiedevo quale sia il ruolo del tempo nella tua pratica. Come collochi nel tuo lavoro il concetto di tempo e, cosa ancora più profana, come decidi quando interrompere o concludere le performance e il suono nelle tue opere?

TA

Per me si tratta di una nozione molto soggettiva, può essere sia soggettiva sia oggettiva. Quando ho iniziato a studiare musica, una cosa con cui ho lottato era il tempo. Odiavo seguire il metronomo e odiavo suonare seguendo una durata prestabilita. Allo stesso modo, non mi piace l'idea di andare piano o veloce o di avere una chiara distinzione tra i due ritmi. Dico sempre alle persone di trovare la propria velocità; si tratta di individuare il proprio ritmo e di sapersi destreggiare tra diversi movimenti.

UMB

Ecco perché mi piace il format della mostra. Ti dà la possibilità di determinare il tempo da dedicare a un'opera. Al contrario, quando assisti a uno spettacolo teatrale o a un concerto, o guardi un film al cinema, la durata e il ritmo vengono decisi per te. Inoltre, passando da un'opera all'altra in un'esposizione si generano nuovi significati.

TA

Questo è fondamentale per me. È uno dei motivi per cui sono passato all'arte. Questa idea di poter personalizzare e ritagliare il proprio tempo senza essere soggiogati dalla durata: si può decidere di andare veloci oppure lenti. Trovo un po' supponente dire sempre alle persone di rallentare. Se vogliono andare veloci, dovrebbero poterlo fare. È una questione di orologio interno e di capacità di mantenere l'equilibrio. E quando si improvvisa, si impara anche questo: l'idea del tempo e di come e quando qualcosa finisce. Ho suonato con molte persone e ho notato che il momento in cui mi piace che le cose finiscano è molto personale. Non è necessariamente lo stesso in cui i miei colleghi o gli individui con cui sto suonando ritengono sia il momento di terminare. Quindi ogni volta si tratta di una negoziazione.

MATERIALI COME (PIÙ CHE) STRUMENTI

The Reverse Collection

I materiali sono integrati in un luogo, in un ambiente, sia naturale sia costruito, estendendo le loro proprietà al di là di questo; sono come una forma udibile di identità, che ne incarna la provenienza, l'età e così via.

TA

Dal suono e dall'analisi di artefatti e oggetti sonori sono emerse *The Reverse Collection* (2014–21) e l'esperienza che ho vissuto al Dahlem Museum. Quest'ultima trae spunto e ispirazione dall'esame della loro collezione di cilindri di cera e di vecchie registrazioni. Mentre li esaminavo, ho scoperto la raccolta di antichi strumenti che mi ha condotto all'idea di immaginare e ricrearne di nuovi dal suono di quelli vecchi, quando mi è stato chiaro che i materiali con cui sono realizzati ne definiscono anche il suono.

In *The Reverse Collection* e in *The Dahlem Sessions* (2014) lavoravo ancora con manufatti e oggetti appartenenti al mondo del suono e della musica. Tuttavia, quell'esperienza ha spostato la mia attenzione sulla materia. La capacità del suono di trasformare forme e strumenti mi ha portato a indagare sulla materia. Ho iniziato a collaborare con artigiani del settore, osservando come ognuno di loro avesse un approccio e una conoscenza diversi di un materiale, naturale o riciclato che fosse. Questi incontri sono stati per me molto stimolanti.

Ho capito subito che la scelta dei materiali non è affatto innocua. Non riguarda solo il suono, parla anche di te. Alcuni costruttori di strumenti o musicisti identificano la loro pratica e la loro personalità con quelli che utilizzano. Per esempio, Thierry Madiot, che ha ideato alcuni degli strumenti di *The Reverse Collection*, era molto interessato alle pratiche di bricolage, costruendone di effimeri e lavorando con lunghi tubi di plastica riciclata. Utilizzava elementi che non richiedevano molta abilità artigianale, creava un collage, un mash-up dei materiali e degli oggetti di cui aveva bisogno per realizzare i suoi strumenti. Questo si traduceva anche nel modo in cui suonava e improvvisava. Al contrario, persone come Léo Maurel, con cui abbiamo realizzato l'organo per *WITHIN*, possiedono una conoscenza delle tecniche storiche di realizzazione degli strumenti musicali. Ha rivisitato grafici e schemi di strumenti medievali dell'epoca barocca, trasformandoli e facendo molta attenzione alla selezione del legno e all'assemblaggio delle materie prime. Quando mi sono esibito con loro, ho capito che quello che fanno si riflette nel loro suono. Per me, è stato un primo contatto con una dimensione culturale dove la scelta del materiale è identificativa. Non si tratta solo del suono, ma anche di una relazione con il mondo e di un modo di essere.

UMB

L'inquadramento estetico del suono emerge anche dai gesti performativi, quasi ancestrali e sciamanici, dei movimenti delle mani che originano dall'interno, interagendo nell'aria con le onde elettromagnetiche in una sequenza simile all'energia, dove il suono può essere sentito e percepito senza essere necessariamente udito.

TA

Ci sono diverse fasi, questo rapporto con il suono materiale nasce dall'esperienza, e sto ancora imparando. Non riguarda solo la cultura ma anche l'architettura, le dinamiche sociali. Tocca persino uno stato psicologico dell'essere. Ma prima di tutto, c'è l'idea di come suona una materia. Si prende un pezzo di vetro, lo si percuote, ci si soffia dentro. Esistono tecniche elaborate nel mondo degli strumenti e della musica per ottenere un suono dagli oggetti. Li si può fare vibrare e risuonare attingendo a tecniche diverse, e questo ha dato origine alle tre famiglie di strumenti: a corda, a percussione e a fiato. Lo si può definire un approccio ancestrale. Ma poi c'è anche la nozione di tempo e di come uno strumento invecchia. Il modo in cui si estrae il suono da un oggetto non è inoffensivo; lo influenza, trasformandolo. Uno strumento può deteriorarsi perché vibra. È in movimento. È assoggettato a forze che lo fanno risuonare o vibrare, e questo rappresenta una sorta di erosione. Ma si genera anche una memoria. Lo si capisce dal legno. Il legno possiede una memoria, si modifica, così come il metallo. Nel mondo del suono, sappiamo che un violino, e qualsiasi strumento di legno, migliora le sue prestazioni nel tempo quando viene utilizzato da bravi musicisti. E naturalmente, i violini più costosi sono quelli suonati dai musicisti più celebri.

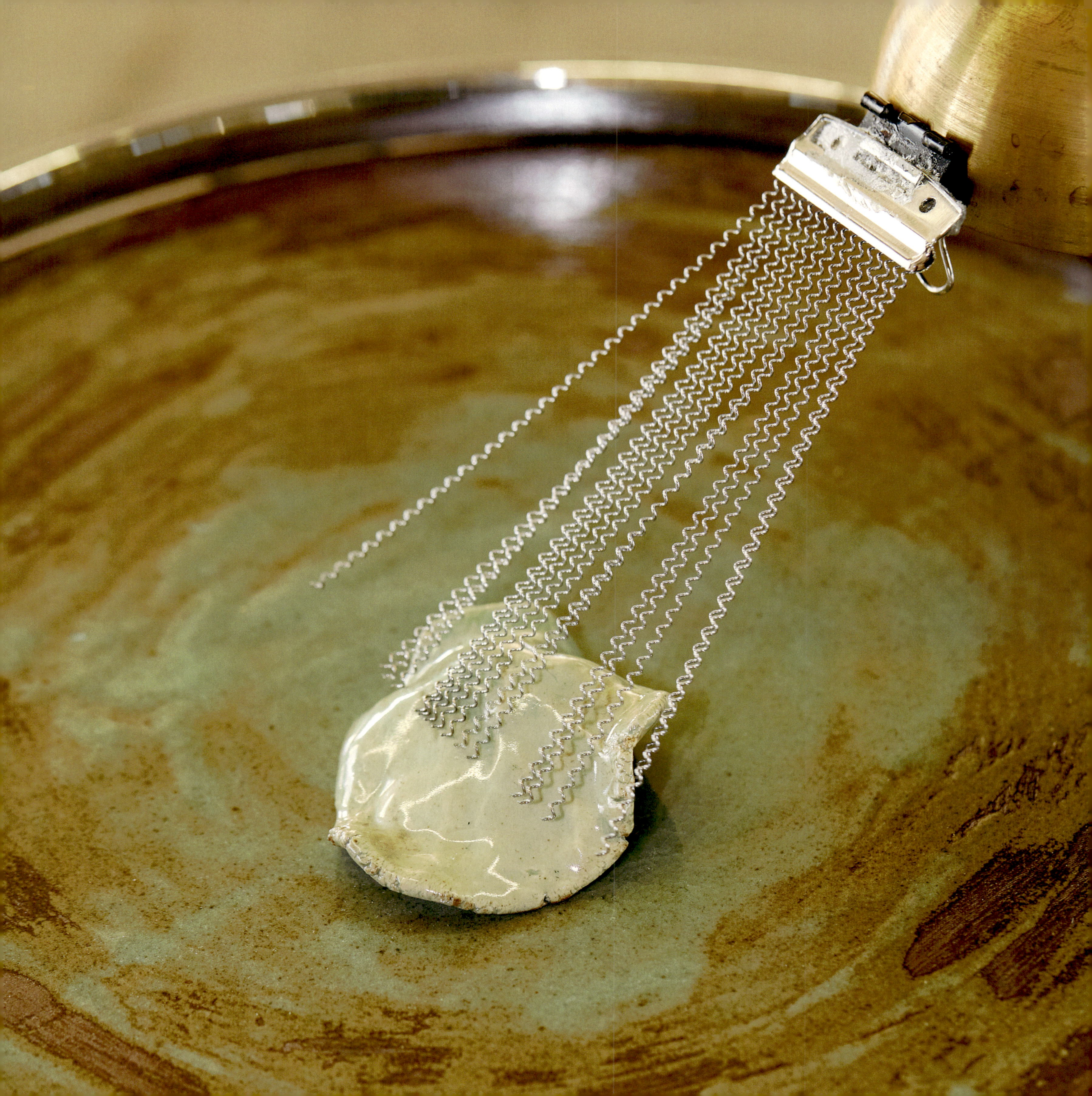

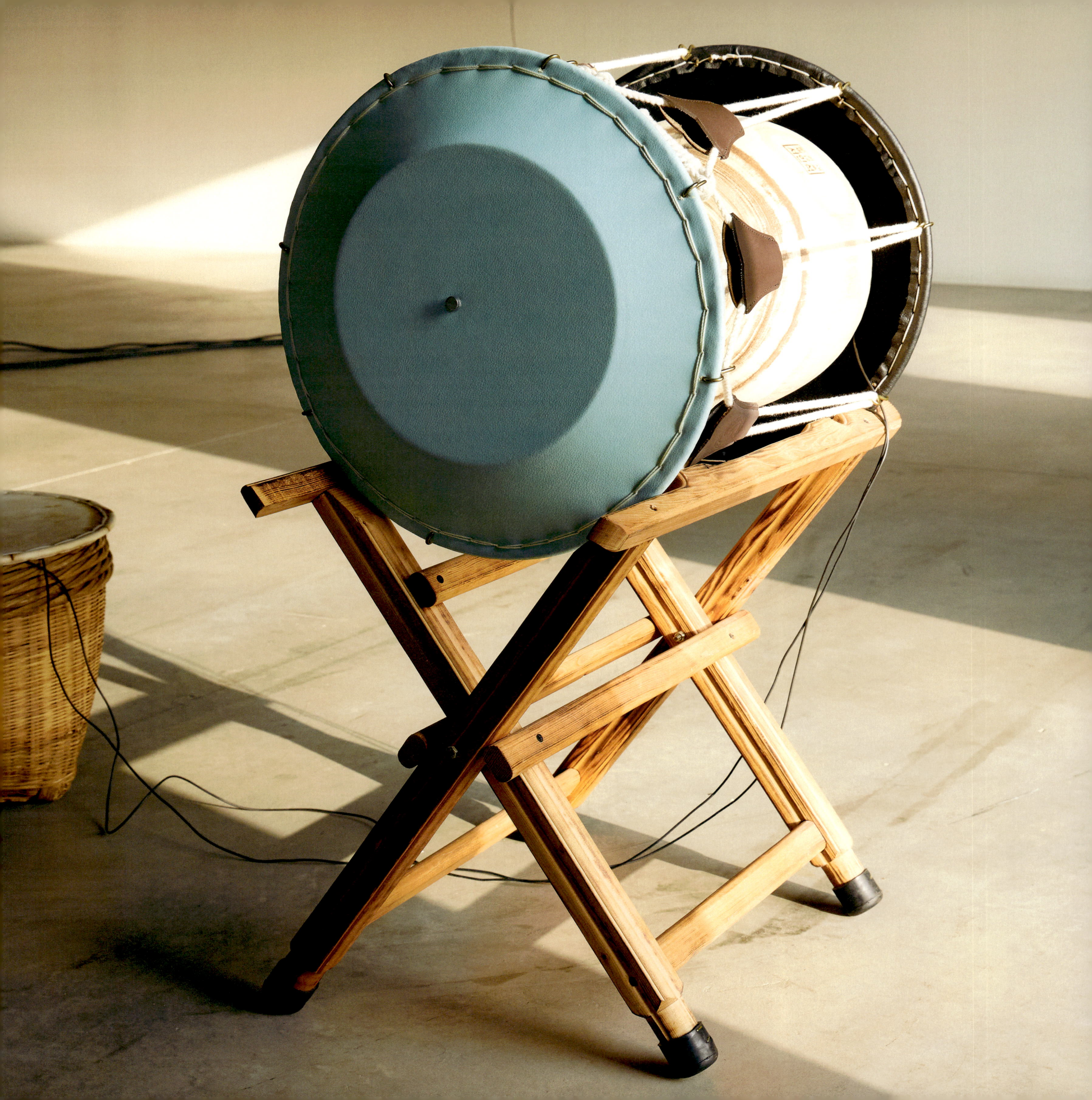

MATERIALITÀ DI UN AMBIENTE
The Ground

TA
La mostra "The Ground: From the Land to the Sea" che abbiamo realizzato insieme a Singapore nel 2018 è nata da una serie di immagini d'archivio, per lo più foto di scarsa qualità che ho scattato con il mio cellulare durante i viaggi. Queste situazioni sono spesso difficili da documentare. *The Ground* è venuto dopo *The Reverse Collection*. È nato da una serie di osservazioni e contesti sociali incentrati sul rapporto con il suolo e l'ambiente e ha segnato, per me, il primo caso in cui gli atteggiamenti umani verso il contesto circostante hanno ispirato pratiche sonore, che mi hanno riportato alla materialità in un modo diverso. Prendiamo, ad esempio, il lavoro del ceramista Wu Lou e il modo in cui sono nati i dischi di ceramica in seguito ai miei viaggi in Cina, osservando le persone vicino al laboratorio di Wu, presso Vitamin Creative Space, e il loro progetto "Mirrored Gardens" in cui gli artisti lavorano con il terreno, i minerali e si impegnano in attività alternative di permacultura e agricoltura. Applicano un metodo in cui piante e vari aggregati geologici si uniscono; le piante non sono messe a dimora in appezzamenti separati, ma essenze diverse crescono insieme e si aiutano a vicenda. Il concetto dei dischi di ceramica è stato ispirato da questo: il disco è una sorta di topologia di minerali differenti. L'argilla che li unisce funge da strato di supporto o da base su cui si possono fare altri interventi, come aggiungere ceramica, o sabbia o polvere, rendendo le superfici eterogenee. Queste osservazioni hanno progressivamente guidato la mia pratica.

SPOSTAMENTO E MOVIMENTO

"The Ground: From the Land to the Sea" è una buona interpretazione di questo tema, in quanto condivide delle analogie con *The Ground* e *The Reverse Collection*, in particolare l'idea del viaggio, dello spostamento e del movimento. Le cose che catturano la mia attenzione e che rimangono con me sono le azioni o le attività umane, così come la relazione tra gli esseri umani e il loro ambiente, il modo in cui questi ultimi lavorano con il suolo, le loro tecniche di compostaggio e il modo in cui realizzano i mattoni tradizionali. Queste osservazioni mi hanno allontanato dal mondo della musica e del suono, ma allo stesso tempo me lo hanno restituito in una prospettiva diversa.

PARCO GIOCHI
Whispering Playground

UMB
Quando hai lavorato a *Whispering Playground* (2021), in cui hai approfondito il tema dell'acqua come fonte di suono, come hai affrontato la questione con i bambini? Devono aver reagito in modo molto diverso.

TA
Whispering Playground è unico nella sua esplorazione della materialità attraverso il concetto di gioco. Il modo in cui i bambini giocano è profondo ed è un'espressione della modalità in cui comprendono e si avvicinano alle cose del mondo. Afferma la loro identità. Si può imparare molto su un individuo osservando come gioca. L'idea di *Whispering Playground* era proprio questa: offrire uno spazio per diverse personalità e sensibilità, permettendo loro di manifestarsi attraverso una gamma di materiali aperta e ampia. Per esempio, a Istanbul con *Whispering Playground* non c'era solo il rumore dell'acqua, ma anche quello dell'acqua contenuta in elementi e materiali diversi, come una ciotola di vetro, un vaso di plastica, un secchio di metallo o un grande abbeveratoio di pietra. Quello che ne vuoi ricavare dipende da come scegli di giocarci. Era la sintesi di una somma di apprendimenti e conoscenze basati sui laboratori con i bambini.

UMB
Qual è l'informazione sonora dell'acqua? L'acqua di per sé comunica? Esiste un dialogo tra una materia e l'acqua che lo contiene? Questa materia possiede una componente spirituale? Quando cerco di comprendere l'artigianato, come la tessitura e l'arte di intrecciare i vimini, la relazione tra un essere umano e un materiale conduce naturalmente a una conoscenza profonda. Quando hai esaminato questi strumenti molto antichi, come quelli delle montagne dell'Atlante, a cosa miravi? A quale sensazione e quale suono trasmettono se si piegano o si spezzano ecc.? Qual è il suono di un oggetto vuoto? Vedo questi momenti del tuo lavoro più come un'esplorazione fine a sé stessa e meno dedicati alla presentazione finale, è più simile a Fluxus.

L'ATTO DI ASCOLTARE
Organ Within

UMB
C'è anche l'elemento dell'ascolto che crea un altro spazio di interazione non guidato da uno scopo transazionale. Il luogo materiale legato al suono è particolarmente interessante perché offre una comprensione profonda di un ambiente.

TA
Organ Within (2022) consisteva in un intero organo, l'opera si basava su sessioni e laboratori tenuti in una scuola per sordi. In questo contesto, la loro percezione uditiva era un punto di partenza che attingeva alle configurazioni dei concetti scientifici della fisica e della fenomenologia del suono, e da lì trovava un meccanismo o un'idea e li portava a un pubblico che consideravo esperto e non persone con una disabilità. Si creava una situazione schietta e paritaria in cui si poteva introdurre un concetto semplice o uno strumento e analizzarli insieme, scoprendo cosa ci si poteva fare. È così che si è sviluppata l'idea di *Organ Within* e il più ampio progetto *WITHIN* sull'acustica della sordità, riconoscendo le persone sorde come esperte del suono. Allo stesso modo, considero i bambini esperti del gioco in *Whispering Playground* e *The Whisperers*. L'idea della sperimentazione e dell'esplorazione è intesa nel suo senso più brutale, crudele ed estraneo, a volte senza essere socialmente consapevoli o educati, non avendo paura dei materiali o di rompere o deteriorare qualcosa, ma semplicemente facendosi avanti e vivendo la situazione che è stata creata.

LA COMPRENSIONE DEL MONDO

TA
The Whisperers, *Organ Within* e la proposta di *WITHIN* hanno a che fare con le forme, le cose che trovano il loro posto e l'impulso alla coesistenza in situazioni condivise. Entrambi proveniamo da un background simile. Non sono cresciuto con un'educazione artistica o con una sensibilità "allenata" al suono, alla musica o alle arti. Ho imparato tutto questo più tardi, nella mia giovinezza. Ho sperimentato la comprensione del mondo attraverso l'acustica delle cose, guidata dalla mia propensione per le idee e i concetti, la matematica e la scienza. Una volta scelto di lavorare con il suono, questo è diventato un vettore per comprendere altre forme d'arte, materiali e mestieri, contesti e dinamiche sociali, tutte cose di cui sono stato testimone. È diventato un modo per conoscere il mondo attraverso l'affinità con uno strumento e questo atteggiamento ha plasmato molti dei miei progetti. Suggerisce che forse possiamo sviluppare un'altra relazione con il mondo ascoltandone gli elementi e trovando valori diversi nelle cose utilizzando più di un senso. Questo ha portato naturalmente ad aspetti di cooperazione, invito, situazioni, performance, workshop e momenti nati dalla convinzione che da solo non andrei lontano. Questi processi devono essere condivisi per manifestarsi al massimo del loro potenziale.

IMPROVVISAZIONE

UMB
Come può la composizione entrare in dialogo con il concetto di improvvisazione e quanto quest'ultima è una forma di ricordo e ripetizione che attinge a repertori noti di suoni e gesti? Quali sono le possibilità di sfuggire all'inculturazione e alle storie e come utilizzi l'improvvisazione come spazio di negoziazione ed esplorazione?

TA
La mostra presso Pirelli HangarBicocca è un omaggio all'improvvisazione. Il titolo è "Improvisation in 10 Days". Finora ho improvvisato con musicisti e performer e ho capito come funziona. Questa volta, ho immaginato di improvvisare l'intera mostra insieme al team curatoriale e tecnico di Pirelli HangarBicocca, ai miei collaboratori più stretti e a tutte le persone coinvolte. L'idea è di creare un mash-up, in cui tre opere importanti si trasformano in un unico corpo. Ho acquisito una profonda comprensione di questi progetti diversi tra loro. Ho presentato *The Rain* (2023–24), *Waters' Witness* (2020–23) e *Organ Within* alla Kunsthaus Bregenz come lavori a sé stanti, e forse ora è il momento di riunirli in una forma che si ispira alla mia pratica di improvvisazione. In questo modo, invece di essere separati, i componenti interagiranno e risuoneranno l'uno con l'altro, permettendo agli eventi di susseguirsi in modo naturale. Non abbiamo bisogno di imporre un ordine o di suddividere gli elementi. Improvviso le mie performance legate a una mostra, improvviso in studio, improvviso ovunque. Ma quando si tratta di esposizioni, tutto deve essere organizzato in anticipo, pianificato in ogni dettaglio e in un certo senso sceneggiato. Questa volta mi sono detto: facciamo il contrario, portiamo tutte le casse, sistemiamo tutto in questa grande tela bianca che è lo spazio espositivo e disponiamo le cose sul momento. Sarà molto interessante vedere cosa accade.

L'improvvisazione implica l'assunzione di un rischio. L'attenzione e la mente sono sollecitate in modo diverso. Al giorno d'oggi, le istituzioni danno troppo peso al proprio personale e alle proprie capacità. Ciò che ha innescato questa idea è stato il dialogo con Pirelli HangarBicocca: ho detto loro che con due o tre settimane a disposizione per l'installazione sarebbe stato difficile, avremmo avuto bisogno di tempo, sarebbe stato complicato. Ci avrebbe sfiniti, il mio team sarebbe stato esausto e, dal punto di vista logistico, se ci fossimo messi una simile pressione si sarebbe creata per tutti una situazione frustrante. Da qui l'idea, l'approccio di affrontare questa esposizione mettendo al centro il processo dell'improvvisazione, senza pianificare troppo o essere sovraccarichi di lavoro, ma invece provare piacere nel farlo, essere attivi e cooperare insieme in una realtà creata collettivamente.

È come mettere l'aspettativa al posto giusto. Questo è anche ciò che ho fatto in passato con i musicisti: li ho condotti fuori dalla loro zona di comfort, dando loro strumenti che non conoscevano, collocandoli in luoghi o situazioni nuove, come mostre o spazi pubblici all'aperto, o con un pubblico diverso, facendo loro sperimentare qualcosa che non avevano mai fatto prima. Ho riunito musicisti sordi e udenti. L'ho sempre fatto, ma quello che ho imparato è che bisogna anche creare le condizioni giuste perché questo accada. Se lo si fa in modo ingenuo, in qualche modo ci si ritorcerà contro e si otterrà l'effetto opposto a quello desiderato.

UMB

Per improvvisare, bisogna certamente avere un certo grado di esperienza. Anche la curatela è un atto di improvvisazione, che porta le opere in conversazione tra loro, diversamente una mostra non contiene elementi vitali.

TA

Esattamente. Questo è il fulcro di ciò che ha fatto Pauline Oliveros e lo è anche dell'improvvisazione: non si possono mai dare le cose per scontate. E a volte l'improvvisazione non funziona, ovviamente.

UMB

Va accettato, dobbiamo ammetterlo e ricominciare da capo.

La conversazione tra Tarek Atoui e Ute Meta Bauer si è svolta negli ultimi giorni di dicembre 2024.

LIST OF EXHIBITED WORKS

The following titles refer to the works described in this volume and presented in four exhibitions by Tarek Atoui that took place from late 2023 to early 2025. These were conceived as evolving projects responding to the situations and spaces in which the artist installed and activated them. They embody a collaborative continuum that appears in its materiality and evanescent sonic qualities. These pieces, composed of organic materials, technology, and human interaction, are channeled through air and exist between art and life, between here and there, beginning and end. They are interconnected in this publication with the words of Tarek Atoui and Ute Meta Bauer, appearing in a state of flux carrying pauses, disruptions, reflections, and accelerations.

PHB: Pirelli HangarBicocca, Milan
KUB: Kunsthaus Bregenz
SMAK: S.M.A.K. Municipal Museum of Contemporary Art, Ghent
IAC: Institut d'art contemporain, Villeurbanne/Rhône-Alpes

pp. 6, 11, 26, 29–30, 33–34, 42, 45–49, 51, 53, 55, 68

WITHIN, 2013–ongoing
The True Laptop Quartet, 2016 [IAC/SMAK]
Iteration on Drums, 2016–17 [IAC/SMAK]
Sub-Ink, 2016–19 [IAC/SMAK]
Organ Within, 2022 [IAC/SMAK/KUB/PHB]
Soft Cells, 2023 [IAC/SMAK]
Wind House #1, 2023–24 [SMAK/KUB/PHB]
Wind House #2, 2024 [KUB/PHB]

pp. 36–38

The Reverse Collection, 2014–21
Horns of Putin, 2014–19 [IAC/KUB (only for the opening)]
Litophone, 2014–19 [IAC]

pp. 41, 58–59

The Ground, 2018
Duofluctus, 2019 [IAC]
Turntable Study 2, 2023 [IAC/SMAK]

The Wave, 2019
Piezothing, 2019 (initial project *The Ground*, 2018) [IAC]
Rotator, 2019 (initial project *The Ground*, 2018) [IAC]
The Spin Collector, 2019 (initial project *The Ground*, 2018) [IAC/SMAK]
Disharmonica, 2019–22 [IAC]
Limaçon, 2019–20 [IAC/SMAK]

pp. 10, 13, 17–18, 22, 32, 90–91

Waters' Witness, 2020–23 [IAC/SMAK/KUB/PHB]

pp. 21, 25, 67

The Whisperers, 2021–22
Drum Club, 2021 [IAC/SMAK]
Underwater Birds #1, 2021 [IAC]
Home, 2021–22 [IAC]
Infinite Ballet Solo, 2021–22 [IAC]
Platinum Record Player, 2021–22 [IAC/SMAK]
Whispered Pulse #1, 2021–22 [IAC/SMAK]
Glass Dome, 2022 [IAC/SMAK]
Jukebox, 2022 [IAC/SMAK]
Space Hat, 2022 [IAC]
Totem, 2022 [IAC/SMAK]
Whispered Pulse #2, 2022 [IAC/SMAK]
Whispered Pulse #3, 2022 [IAC/SMAK]
Real Tape Machine, 2022–23 [IAC]
Underwater Birds #2, 2023 [IAC/SMAK]

pp. 8, 12, 52, 54, 56, 60, 63–64, 71–72, 75–76, 79–80, 83–84, 87–89, 92–96, 99

The Rain, 2023–25
Center Drum, 2023 [KUB/PHB]
Feedback Drum 1, 2023 [PHB]
Feedback Drum 2, 2023 [PHB]
Hanging Drums, 2025 [PHB]
Hanging Structure 1, 2023 [KUB/PHB]
Hanging Structure 2, 2023 [KUB]
Hanging Structure 3, 2023 [KUB]
Heater Drum, 2023 [KUB]
Hybrid Drum 1, 2023 [KUB]
Hybrid Drum 2, 2023 [KUB]
Hybrid Drum 3, 2023 [KUB]
Microcity 1, 2023 [KUB/PHB]
Microcity 2, 2023 [PHB]
Rotating Celadon Plate, 2023 [KUB/PHB]
Rotating Onggi 1, 2023 [KUB/PHB]
Rotating Onggi 2, 2023 [KUB/PHB]
Rotating String Drum, 2023 [KUB/PHB]
Talking Drum 1, 2023 [KUB/PHB]
Talking Drum 2, 2023 [PHB]
Talking Drum 3, 2023 [PHB]
Talking Drum 4, 2023 [PHB]
Talking Drum, 2023 [KUB]
The Beige Cotton Feedback Drum, 2023 [KUB/PHB]
The Big Drum, 2023 [KUB/PHB]
The Center Drum, 2023 [KUB/PHB]
The Rotating Celadon Plate, 2023 [KUB/PHB]
The Rotating String Drum, 2023 [PHB]
The Talking Drum 4, 2023 [KUB/PHB]
The Water Bubble System, 2023 [KUB/PHB]
Water Drum, 2023 [KUB]
Wind Drum 1, 2023 [KUB/PHB]
Wind Drum 2, 2023 [KUB/PHB]

p. 50

Reedboxes, 2022–24 [KUB/PHB]

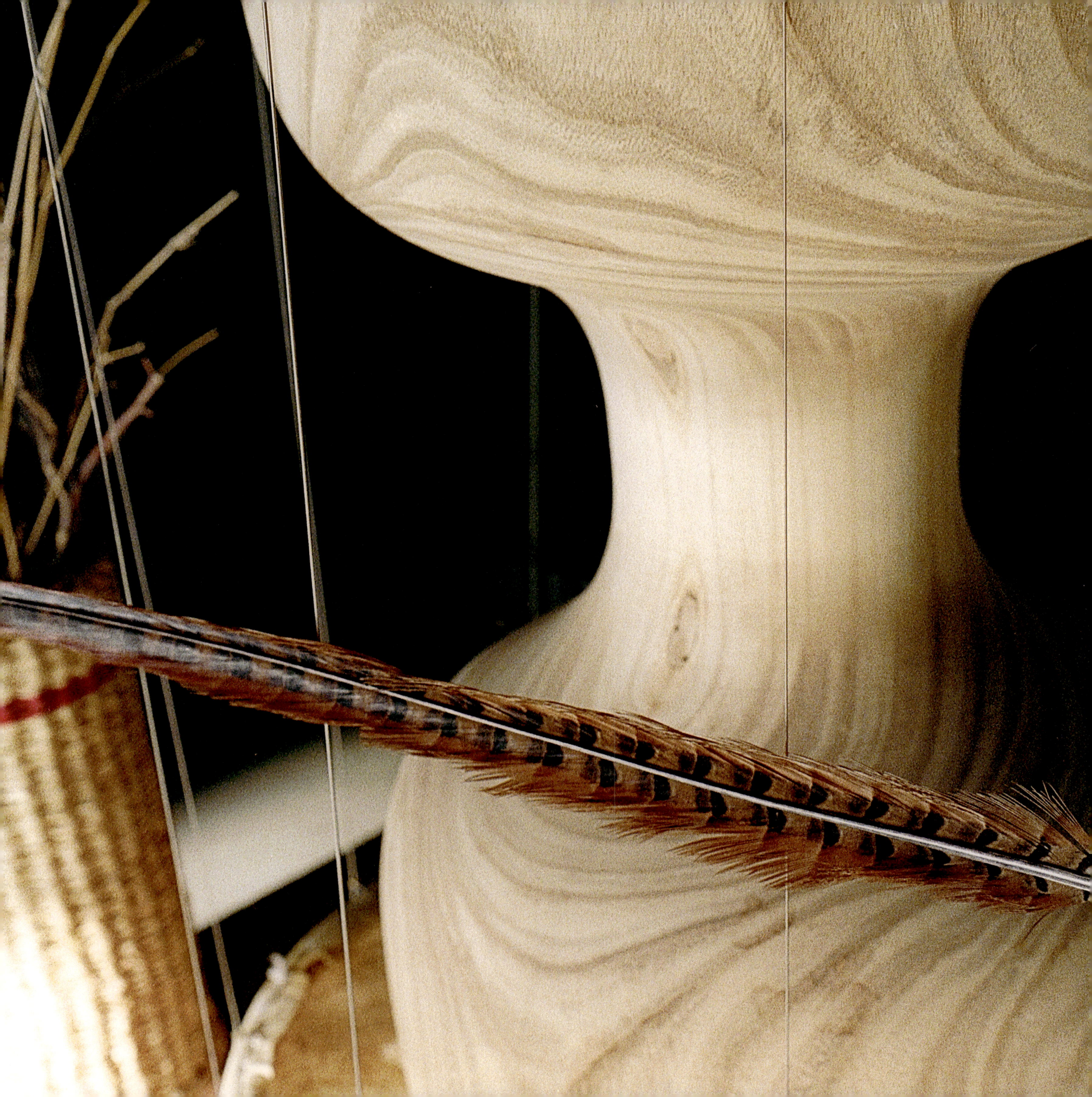

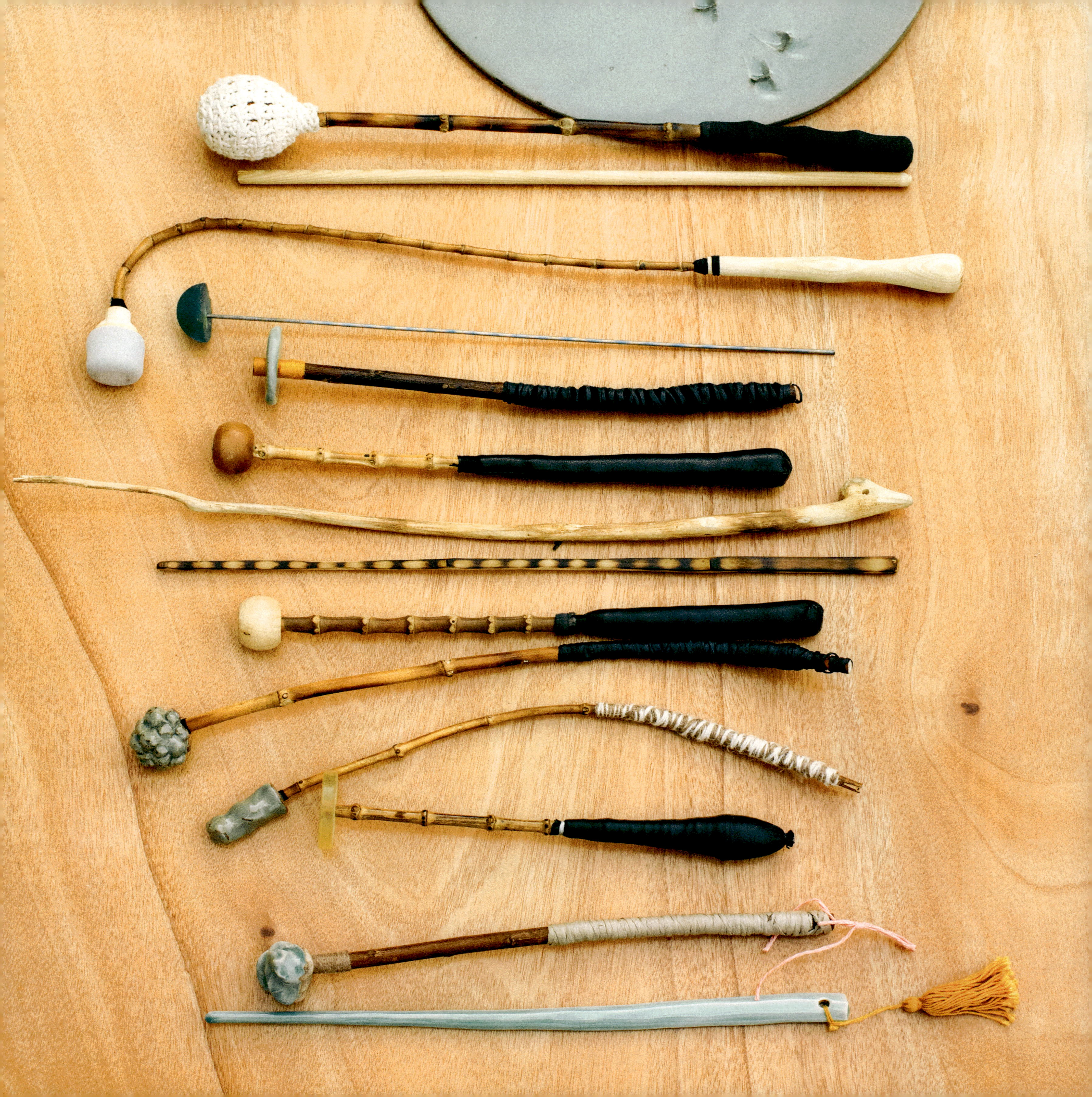

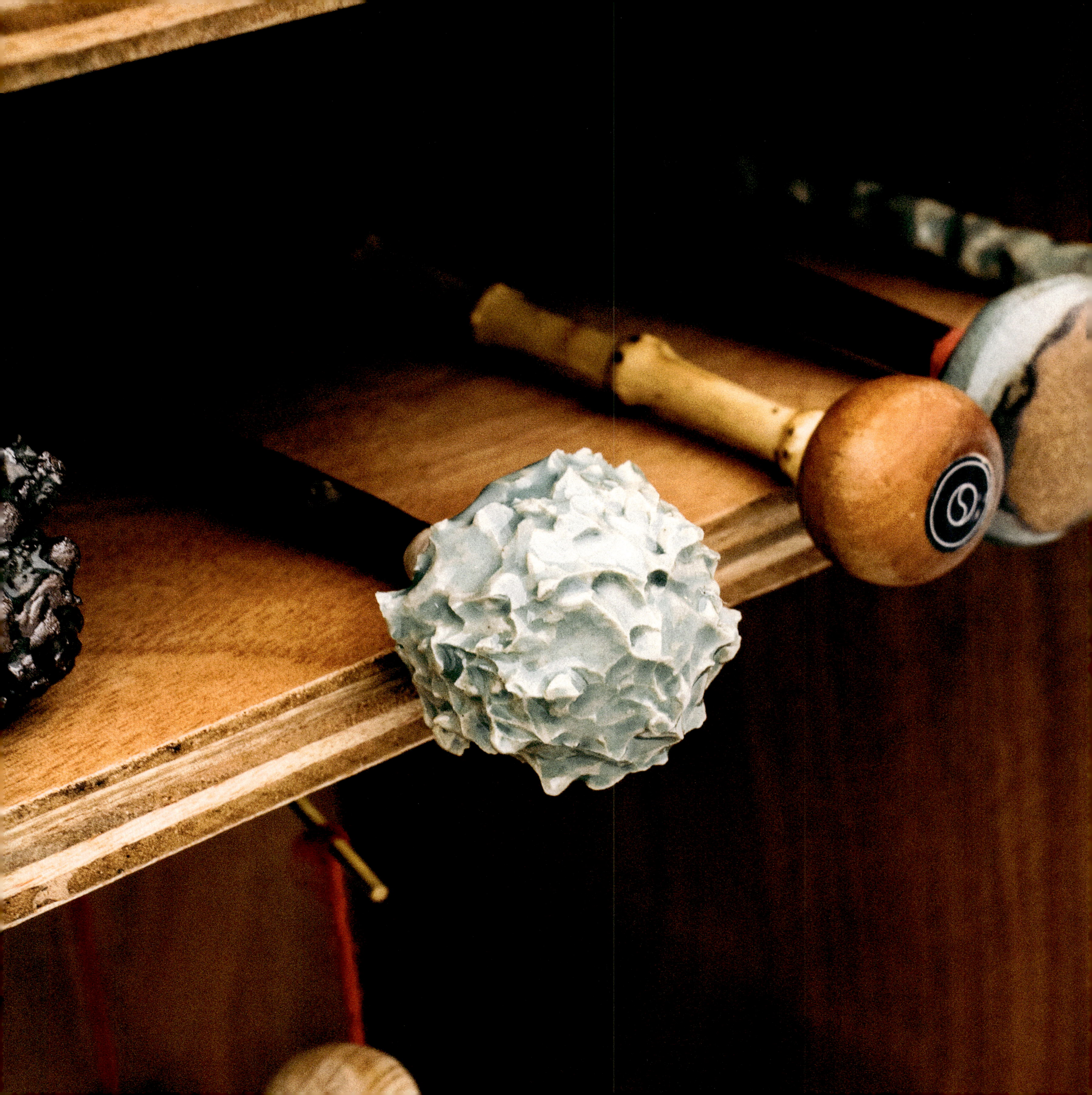

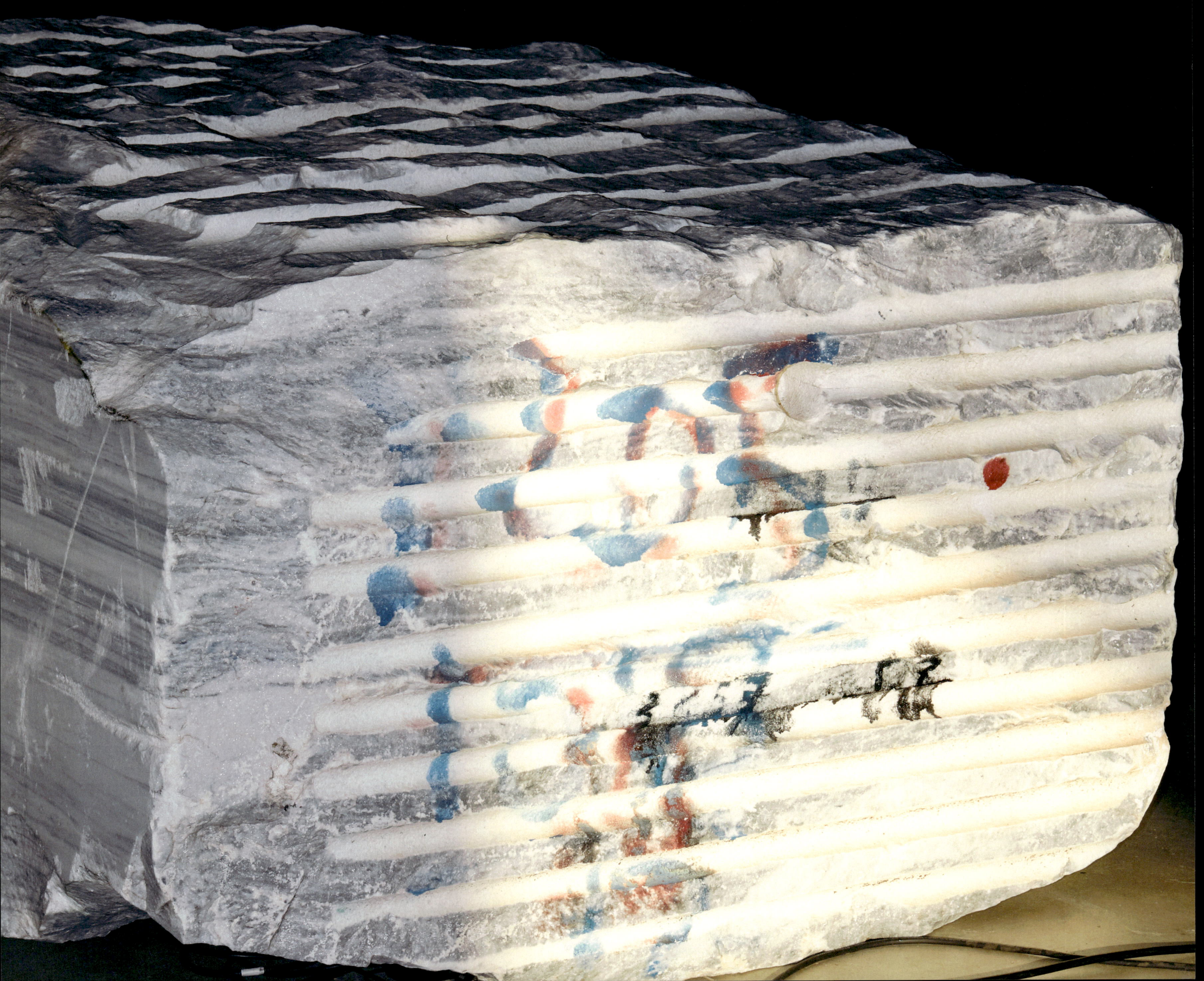

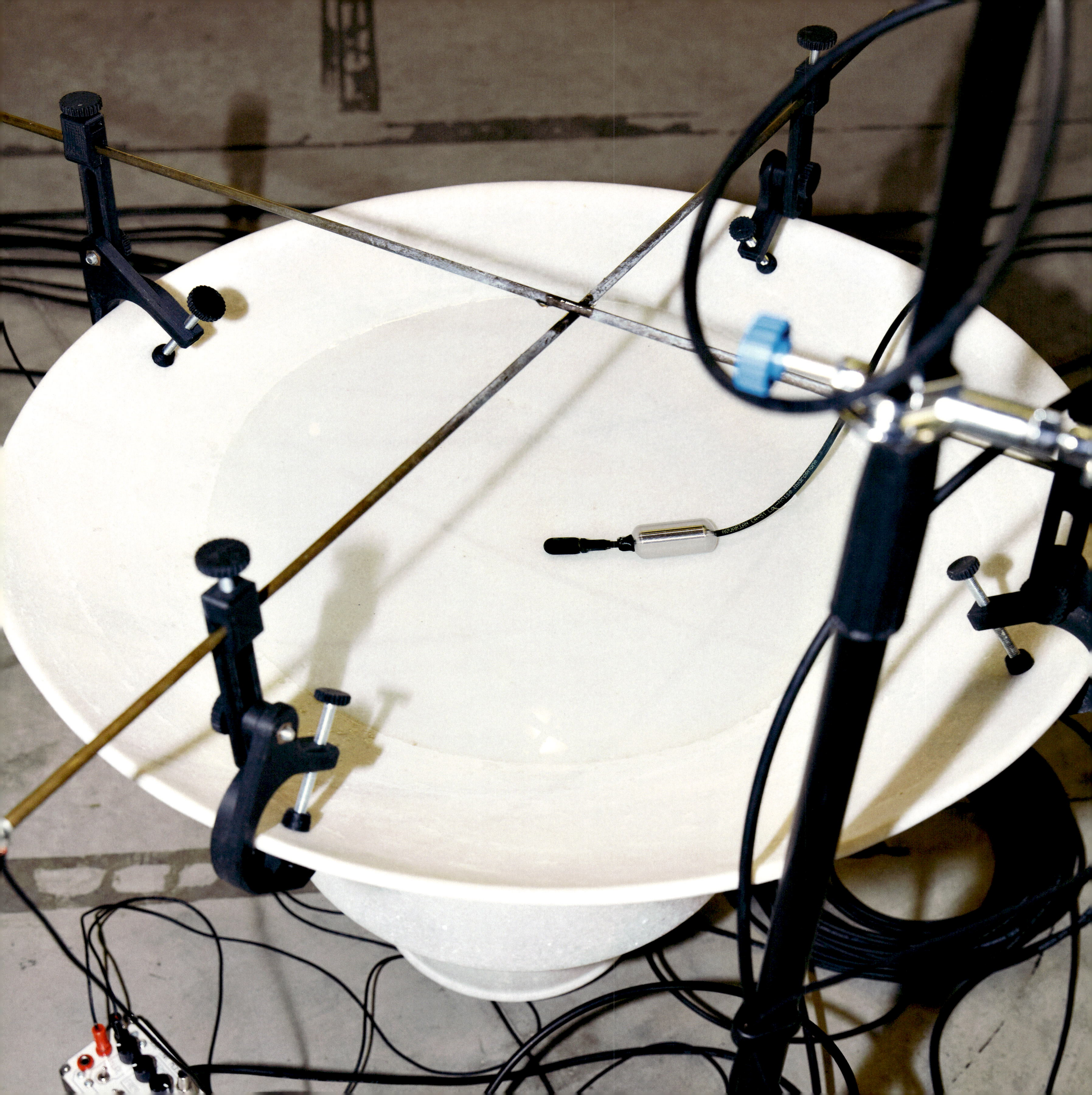
AQUARIAN CA-51 Low-Noise Hydrophone

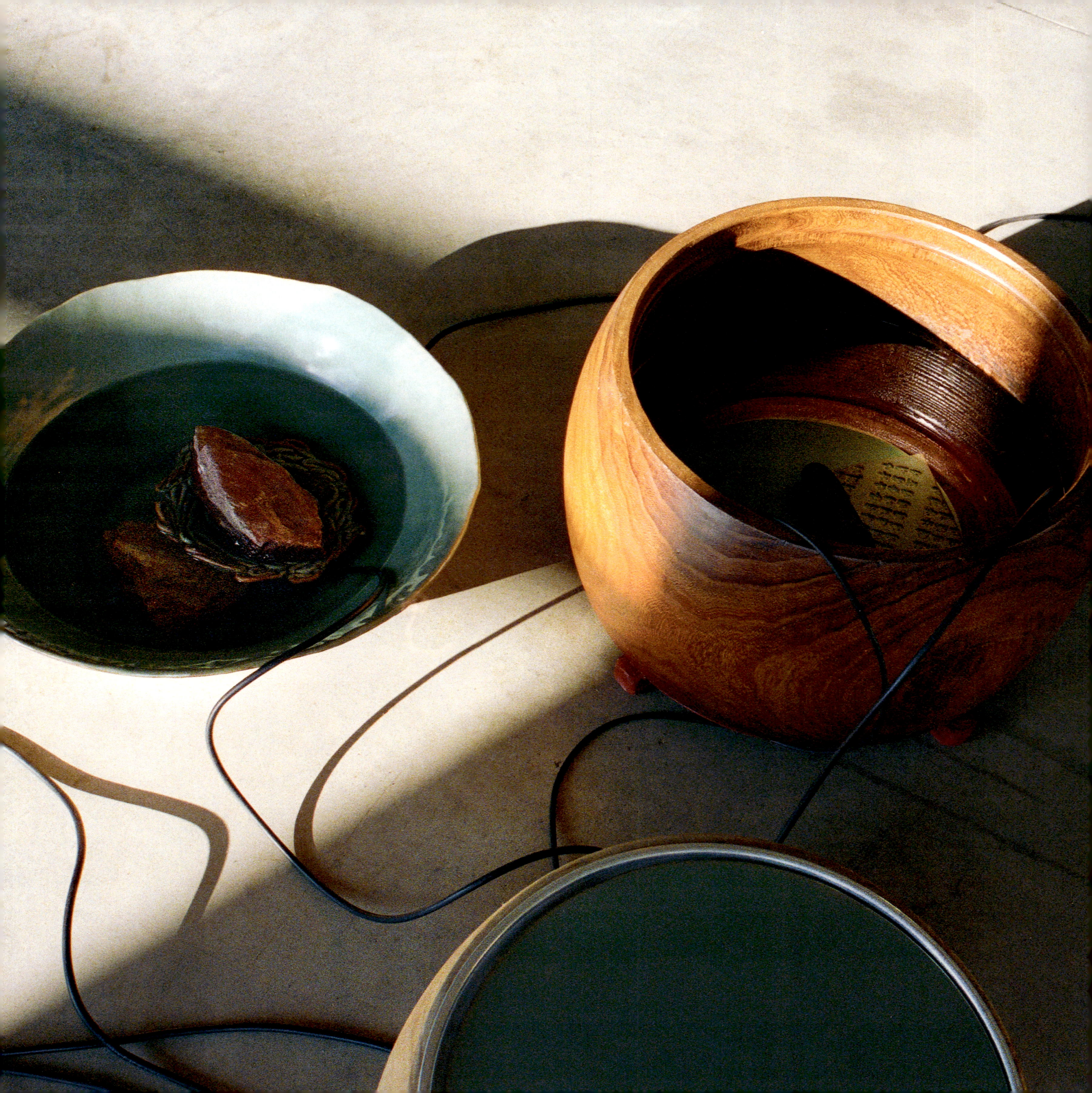

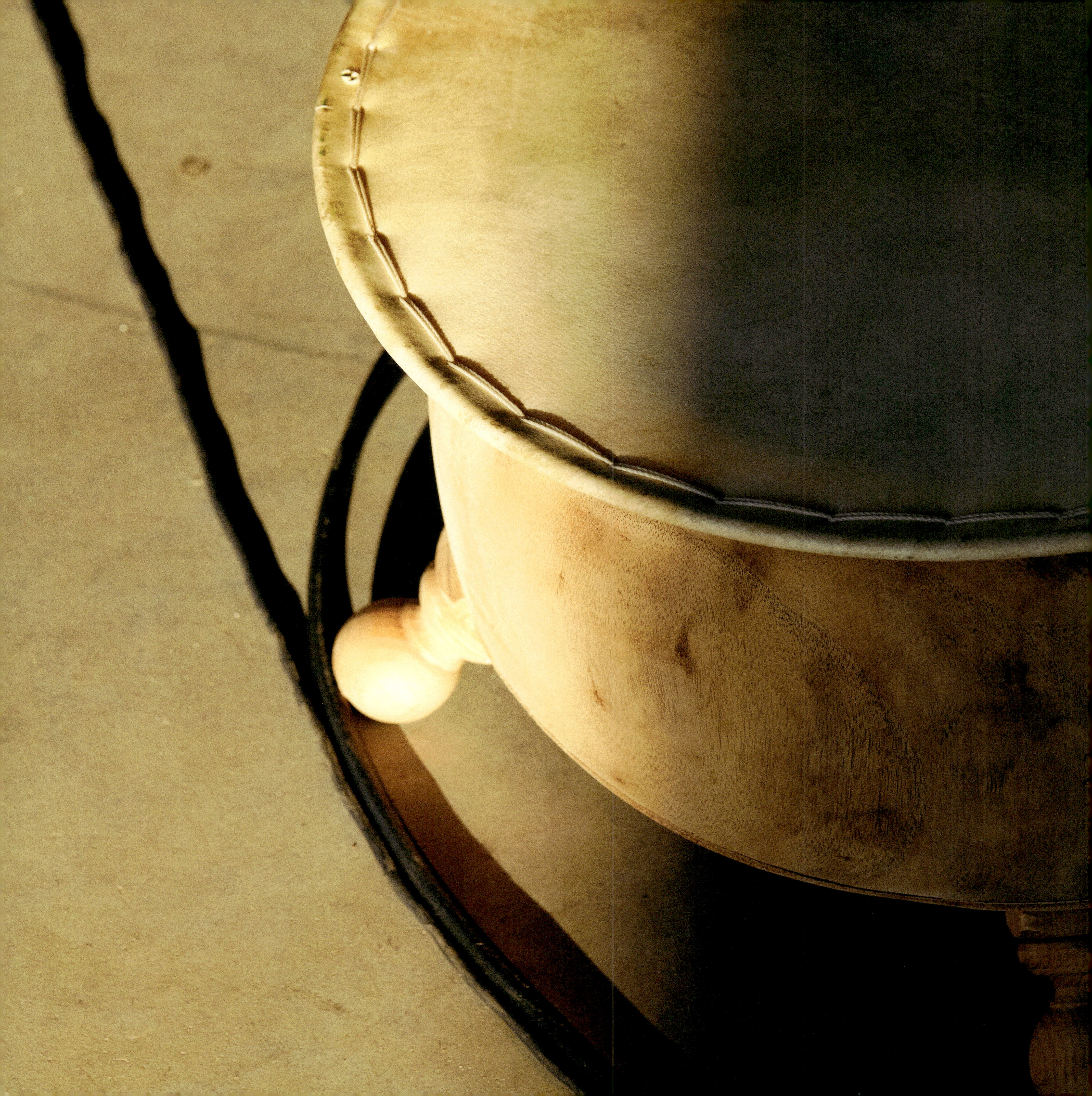

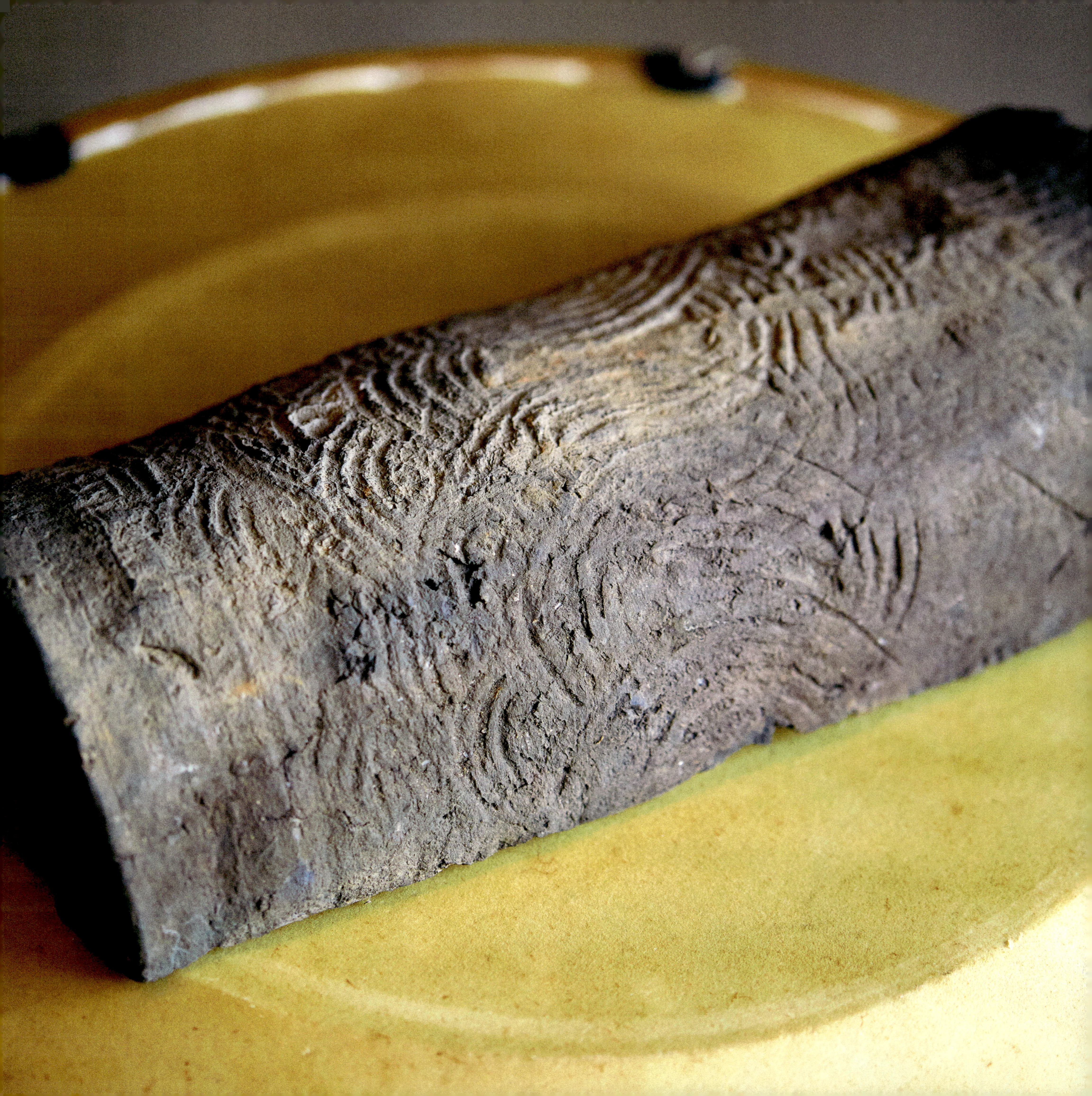

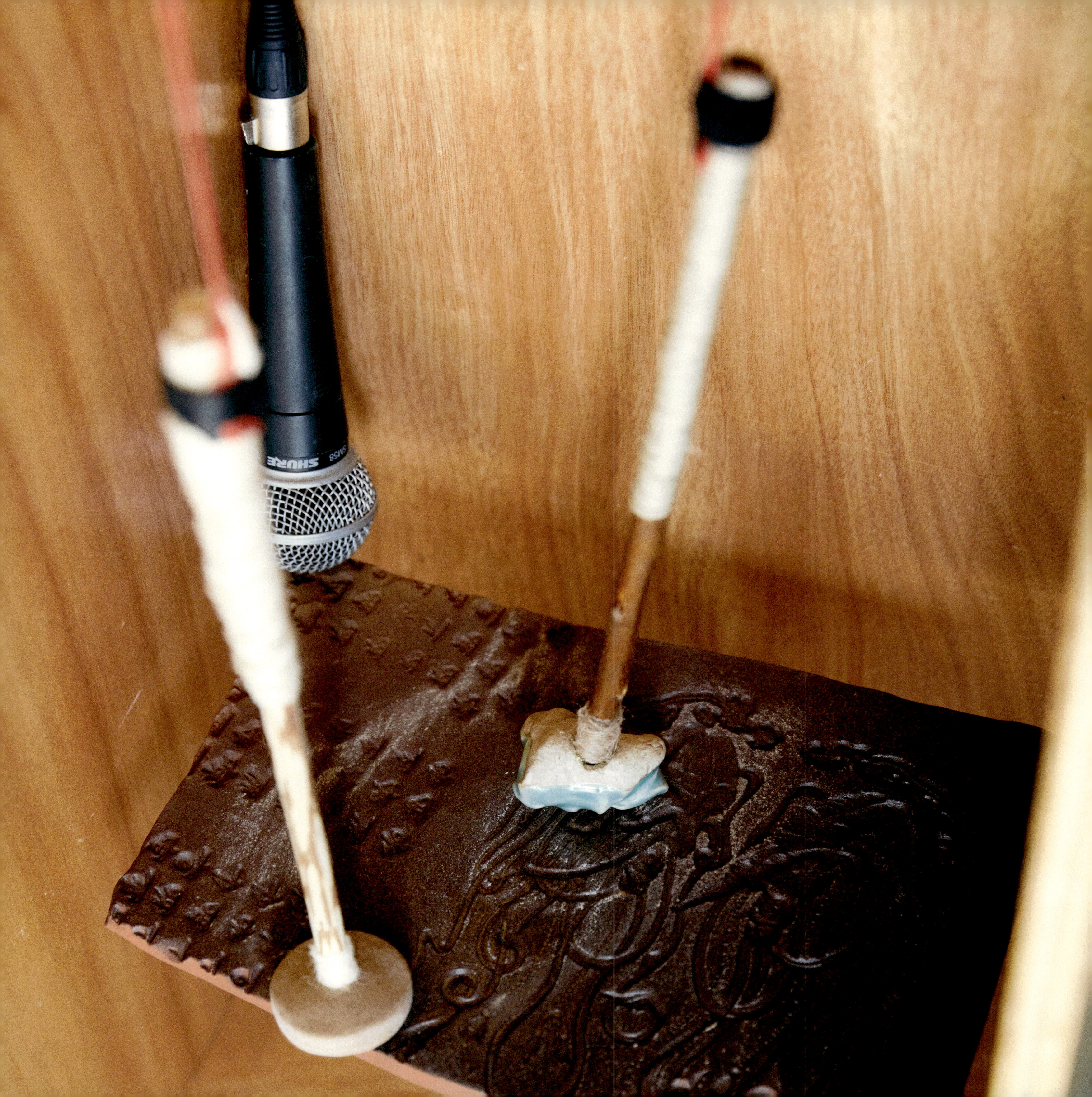
SHURE
SM58

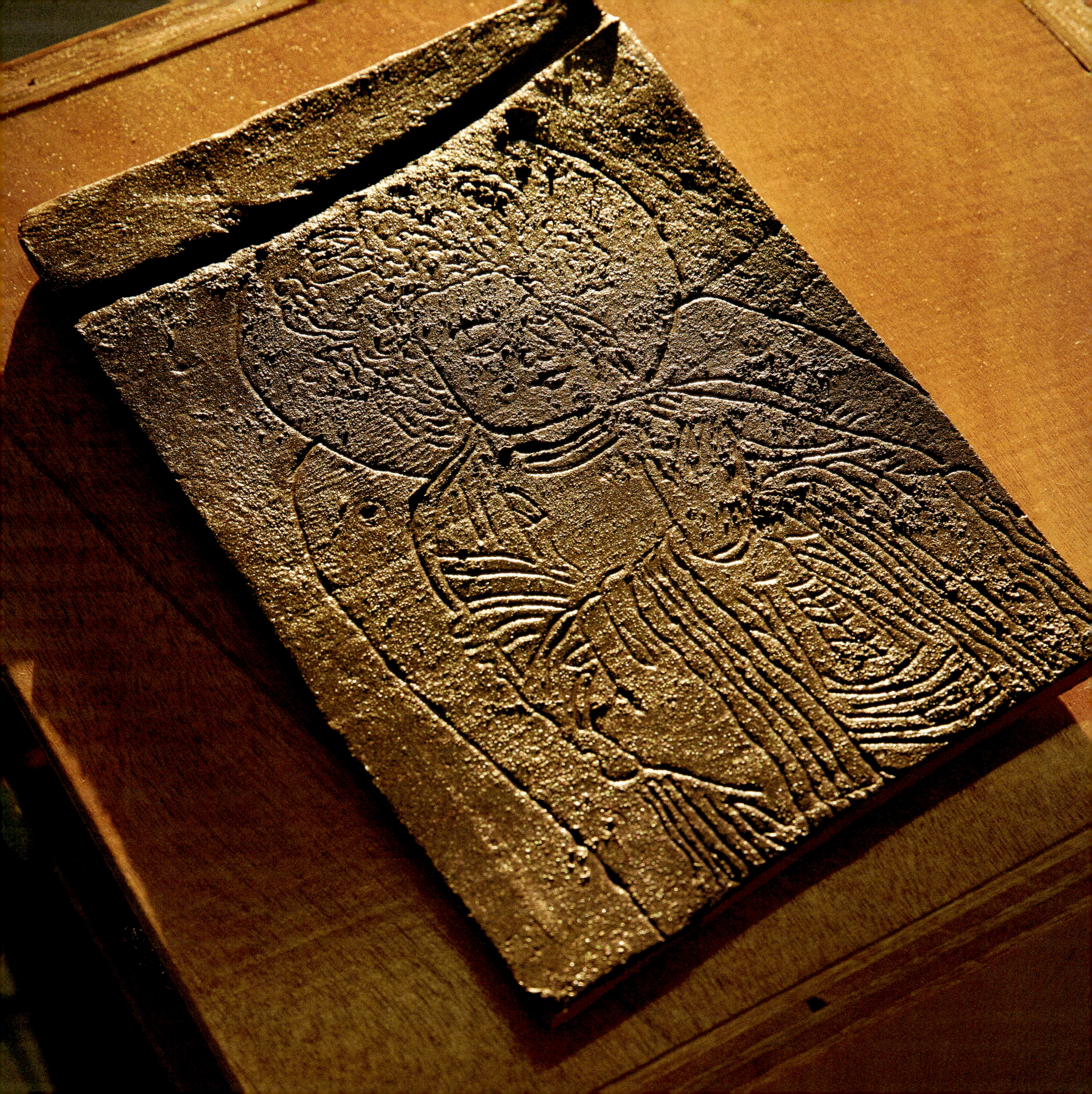

PHOTOGRAPHIC CREDITS

pp. 5–14, 60, 83–84, 87–96, 99–100

Courtesy Tarek Atoui and Pirelli HangarBicocca, Milan
Photo: Rasa Juškevičiūtė

pp. 17–18, 22, 26, 29, 42, 45–56, 63–64, 71–72, 75–76, 79–80

Courtesy Tarek Atoui and Kunsthaus Bregenz
Photo: Agota Lukytė

pp. 21, 25

Courtesy Tarek Atoui and S.M.A.K., Ghent
Photo: Dirk Pauwels

pp. 30, 33–34, 37–38, 41, 68

Courtesy Tarek Atoui
Photo: Rasa Juškevičiūtė

pp. 59, 67

Courtesy Tarek Atoui and Institut d'art contemporain, Villeurbanne/Rhône-Alpes
Photo: Thomas Lannes

All photos in B&W

Archival images from Studio Tarek Atoui
Waters' Witness photos (pp. 15–16, 19, 23, 24/left) by Alexandre Guirkinger
The Reverse Sessions photos (p. 36/right) by Thierry Bal

Cover

Left: Exhibition view, "Tarek Atoui," Kunsthaus Bregenz, 2024
Courtesy Tarek Atoui and Kunsthaus Bregenz
Photo: Agota Lukytė

Right: Exhibition view, "Improvisation in 10 Days," Pirelli HangarBicocca, Milan, 2025
Courtesy Tarek Atoui and Pirelli HangarBicocca, Milan
Photo: Rasa Juškevičiūtė

Back Cover and Flap

Exhibition views, "Improvisation in 10 Days," Pirelli HangarBicocca, Milan, 2025
Courtesy Tarek Atoui and Pirelli HangarBicocca, Milan
Photo: Rasa Juškevičiūtė

PUBLICATION

TAREK ATOUI
"DIALOGS"

The catalogue accompanies the artist's work and the solo shows he presented between 2023 and 2025 in the following institutions. Each exhibition—while focusing on different aspects—illustrate Atoui's practice of challenging artistic conventions while incorporating craft, technology and traditions.

"Improvisation in 10 Days"
Pirelli HangarBicocca, Milan
Curated by Lucia Aspesi
06.02–20.07.2025

"Tarek Atoui"
Kunsthaus Bregenz
Curated by Thomas D. Trummer
12.10.2024–12.01.2025

"the Shore / a place I'd like to be"
S.M.A.K. Municipal Museum of Contemporary Art, Ghent
Curated by Ann Hoste
06.04–25.08.2024

"the drift"
Institut d'art contemporain, Villeurbanne/Rhône-Alpes
Curated by Nathalie Ergino in collaboration with Sarah Caillet
13.10.2023–11.02.2024

The catalogue is co-published by
Pirelli HangarBicocca, Milan
Kunsthaus Bregenz
S.M.A.K. Municipal Museum of Contemporary Art, Ghent
Institut d'art contemporain, Villeurbanne/Rhône-Alpes
Marsilio Arte

In conjunction with the catalogue the four institutions have co-produced "Tarek Atoui: MONO LOGS" a set of three LPs featuring recordings of Atoui's instruments activated by a number of international musicians, including Jad Atoui, Tarek Atoui, Nicolas Becker, Laure Boer, Gobi Drab, Diego Espinosa, Juan Garcia, Susanna Gartmayer, Mazen Kerbaj, Léo Maurel, Juanjosé Rivas, Dafne Vicente-Sandoval, Fernando Vigueras, Darío Bernal Villegas, Boris Shershenkov, and DJ Sniff.

Catalogue Concept
Tarek Atoui

Catalogue edited by
Lucia Aspesi

Managing Editor
Teodora di Robilant

Texts by
Tarek Atoui and Ute Meta Bauer

Creative direction and Design
Goda Budvytytė

Copy-editing
Madeleine Compagnon
Rossella Savio

Translations
Laura Guidetti

First Edition April 2025
ISBN: 979-12-5463-269-7

Available through
ARTBOOK | D.A.P.
75 Broad Street, Suite 630
New York, NY 10004
www.artbook.com

Color Reproduction
Opero s.r.l., Verona

Printing
Verona Stampa, San Giovanni Lupatoto (VR)
For Marsilio Arte s.r.l., Venezia
www.marsilioarte.it

INSTITUT D'ART CONTEMPORAIN Villeurbanne/Rhône-Alpes www.i-ac.eu

S.M.A.K.

Pirelli HangarBicocca

KUB

EXHIBITION

TAREK ATOUI
"Improvisation in 10 Days"
Pirelli HangarBicocca
06.02–20.07.2025
pirellihangarbicocca.org

Curated by
Lucia Aspesi

Installation
Valentina Fossati with Matteo De Vittor

Lenders
Tarek Atoui Studio
Vitamin Creative Space
Collection of Art Sonje Center
Collection Shane Akeroyd

Communication and Press Office
Angiola Maria Gili with Sofia Baronchelli, Giorgia Giulia Campi, Petra Chiodi

Social Media Consultant
Susanna Legrenzi

Activation
5.02.2025 Tarek Atoui with Seo In Seok, Korean traditional drum maker and musician

Public Program
Curated by Giovanna Amadasi
08.05.2025 Activation by Enrico Malatesta
29.05.2025 Concert by Tarek Atoui with Giovanni Donadini and Charbel Haber
19.06.2025 Activation by Diana Lola Posani

Installation
Attitudine Forma, Engie, Family Studio

Support for the installation
Hyeong-wook Kim, Seo Eunho, Seo In Seok, Boris Shershenkov

Permits, Electrical and Fire Prevention Design
Francesco Barcella

Detail Design, Engineering, Site and Safety
Soluzioni

Conservation
Linda Bresciani, Chiara Santhià

Graphic Design
Studio Sonnoli: Leonardo Sonnoli, Irene Bacchi

Photographs
Rasa Juškevičiūtė

Photo and Video Documentation
Francesco Margaroli, Lorenzo Palmieri

Insurance
Lloyd's

Transport
Crown Fine Arts, MuseumsPartner

Museum Mediators and Arts Tutors
Numeri Primi

Sponsor
PIRELLI

PIRELLI HANGARBICOCCA

Chairman
Marco Tronchetti Provera
Board of Directors
Maurizio Abet, Federica Barbaro, Andrea Casaluci, Ilaria Tronchetti Provera
General Manager
Alessandro Bianchi

Artistic Director
Vicente Todolí

Chief Curator
Roberta Tenconi
Curator
Lucia Aspesi
Curator
Fiammetta Griccioli
Assistant Curator
Tatiana Palenzona
Research and Editorial Coordinator
Teodora di Robilant
Researcher
Chiara Lupi

Head of Public and Educational Programs
Giovanna Amadasi
Educational Projects
Laura Zocco
Public Program Organization
Angela Della Porta

Head of Communication and Press Office
Angiola Maria Gili
Communication
Giorgia Giulia Campi
Press Office
Petra Chiodi
Social Media
Sofia Baronchelli

Partnership Development
Fabienne Binoche

Head of Events and Bookshop
Valentina Piccioni
Event Organization
Serena Jessica Boiocchi

Services Marketing & Operations
Erminia De Angelis

Head of Production and Budgeting
Valentina Fossati
Installation
Matteo De Vittor
Installation
Cesare Rossi
Security and Facility
Renato Bianconi
Manager Assistant
Alessandra Abbate

Registrar
Dario Leone

ACKNOWLEDGMENTS

Over the past fifteen years Tarek Atoui has created a layered and poignant body of work spanning from music to art, and to pedagogy. "Improvisation in 10 Days" embraces the idea of multiplicity inherent in his practice, expanding the possibilities of exhibition-making and the artist's approach, fostering relations and experimentation within an institution. We are grateful to Tarek Atoui for his unwavering dedication throughout this intense period.

It is no surprise that the artist surrounds himself with a vast group of collaborators, musicians and artisans, without whom the exhibition would not have been possible. Anna Seneterre, studio manager, and Laila Kuri Manzutto served as key points of reference during all the conversations; Hyeong-wook Kim and Boris Shershenkov provided invaluable assistance for the installation of the works in the exhibition, and Seo In Seok who—with the support of his son Seo Eunho—, crafted some of the drums that, like a constellation, punctuate the gallery and that have been played together with Tarek Atoui in occasion of the opening of the show.

We wish to thank the individual and institutional lenders, including the artist himself, for generously sharing their works: Vitamin Creative Space, Collection of Art Sonje Center, and Collection Shane Akeroyd. Special thanks go to those most involved in the realization of the project: Thierry Bal, Massimo Berardini, Sophia Bozzo Magrini, Linda Bresciani, Arianna Campanelli, Elena Cardin, Nicole Colombo, Andrea Crapanzano, Chantal Crousel, Andrea De Liberato, Roberto Di Pasquale, Gaia Favari, Hu Feng, Johannes Goebel, Massimiliano Goitom, Alexandre Guirkinger, Lisa Hann, Hong Sang Hee, Jeanne Holsteyn, Jenela Kostova, José Kuri, Eric La Casa, Camilla Longari, Lorenzo Lunghi, Philippe Manzone, Monica Manzutto, Leonardo Mariotti, Angela Ricasio Hoten, Chiara Santhià, Antonie Schweitzer, Clara Scola, Niklas Svennung, Pietro Vitali, Stefan Wagner, Zhang Wei.

This catalogue accompanies the artist's work and the solo shows he presented between 2023 and 2025 in four European institutions: Pirelli HangarBicocca, Milan, Kunsthaus Bregenz, S.M.A.K., Ghent and IAC, Villeurbanne/Rhône-Alpes. Designed by Goda Budvytytė, this volume continues their plurennial editorial venture, poetically narrating the rich vocabulary of elements, materials, and gestures that accompany Atoui's research. The conversation between the artist and Ute Meta Bauer touches much of the knowledge and experience of Atoui's works and creative process. We would like to extend our thanks to Ng Mei Jia who has assisted the author in the coordination of the text.

This publication drew support from an array of colleagues and collaborators, playing a substantial role in a carefully choreographed process. We would like to acknowledge the invaluable collaboration of Nathalie Ergino, former Director of IAC, Villeurbanne/Rhône-Alpes and Sarah Caillet, Artistic and Research Coordinator; Philippe Van Cauteren, Artistic Director of S.M.A.K. and Curator Ann Hoste; Thomas D. Trummer, Director of Kunsthaus Bregenz and Dimona Stöckle, Head of Publications.

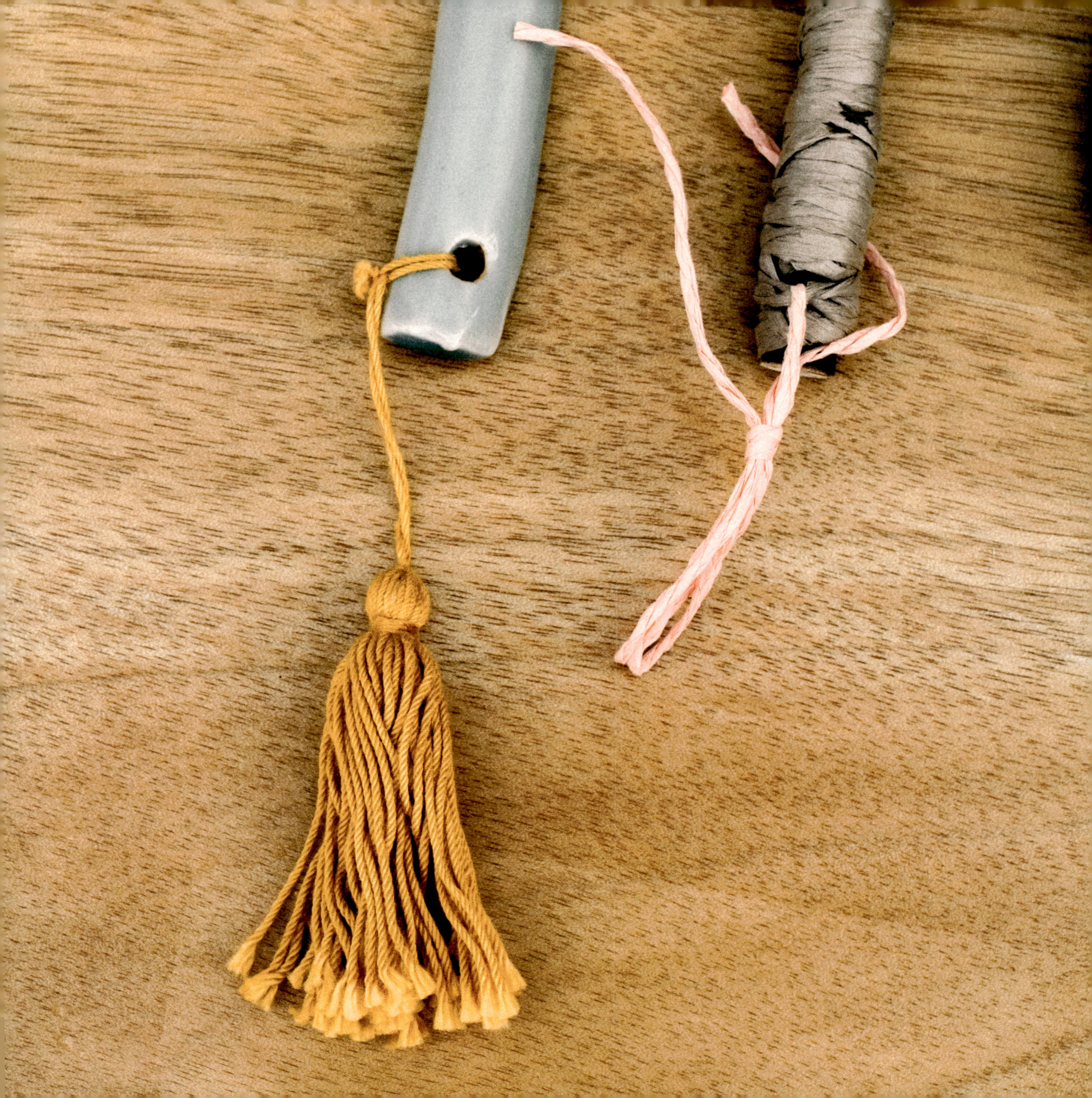

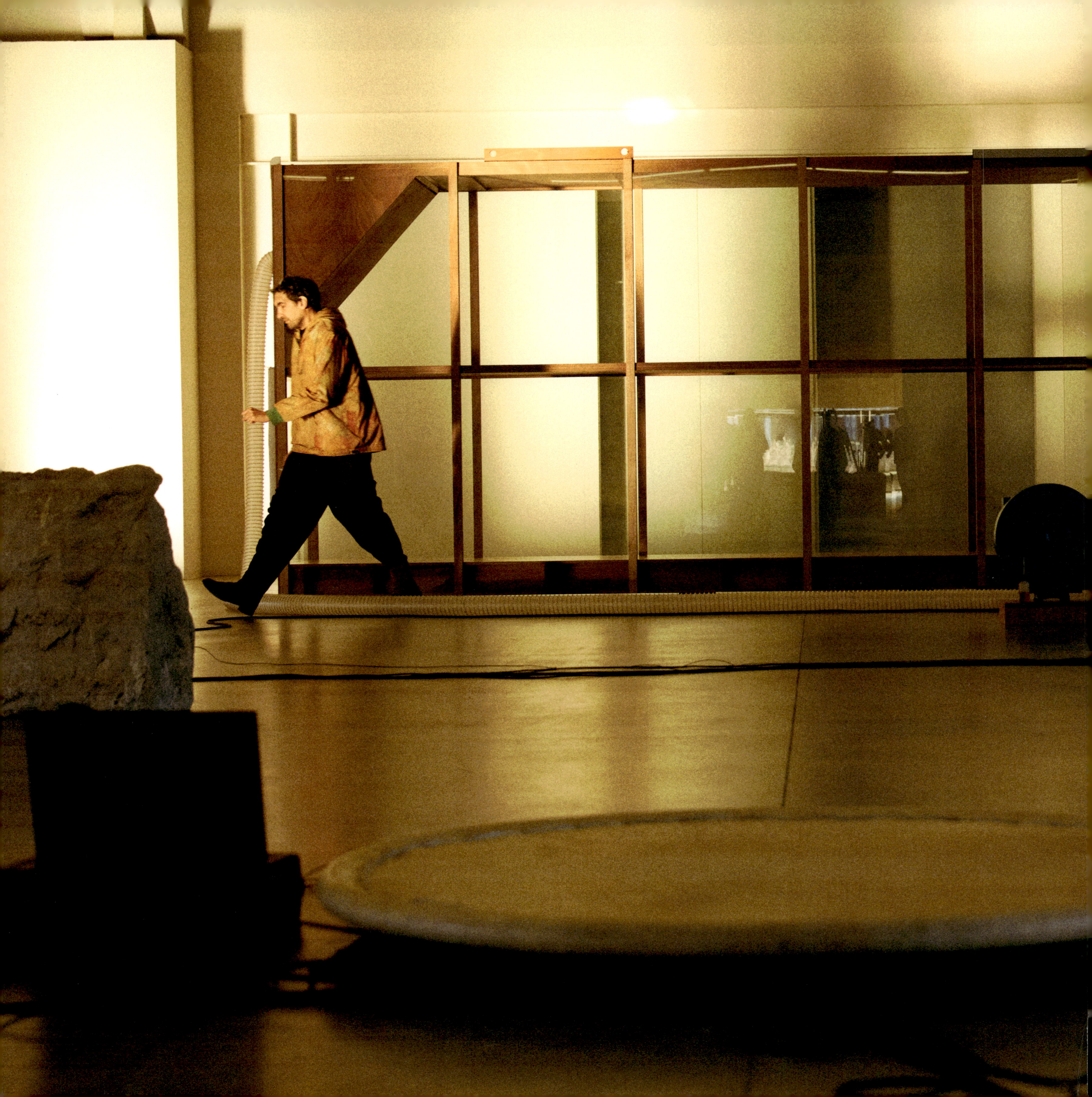